Schnell & edel

100 x Genuss de luxe im Handumdrehen –
in maximal 30 Minuten auf dem Tisch

Text: Claudia Bruckmann
Fotos: Michael Brauner

Titelbild
Das auf dem Umschlag abgebildete Gericht »Filetsteak in Pfefferkruste« finden Sie auf Seite 74.

1. Parmaschinken

... hat Qualität. Der Echte kommt aus der italienischen Provinz Parma und wird luftgetrocknet. Mit seinem milden, nussigen Geschmack ist er universell einsetzbar: um Grissini gewickelt als Snack zum Prosecco, mit Honigmelone als frische schnelle Vorspeise oder in Kombination mit einem bunten Antipasti-Teller.

2. Jakobsmuscheln

... heißen auch Pilgermuscheln, denn ihre fächerförmige Schale ist das Zeichen der Pilger auf dem spanischen Jakobsweg. Die großen Muscheln gibt es frisch, tiefgekühlt oder in Dosen. Typisch ist ihr orangefarbener Rogen (Corail). Sie munden vorzüglich als Vorspeise in Butter oder Sahne gegart und in der Schale serviert.

3. Garnelen

... der verschiedenen Gewichtsklassen werden roh, gegart, tiefgekühlt und oft in Salzlake eingelegt angeboten. Riesengarnelen (Gambas, King Prawns) und Shrimps (gegart in Lake) sind Basis für schnelle edle Zwischengerichte (s. S. 66) und Salate (s. S. 33). Die kleinen Nordseekrabben geben einem Rührei den ultimativen Kick (s. S. 61).

4. Trüffeln

... sind Exklusivität pur und sündteuer. Ob schwarze aus Frankreich oder weiße aus Italien, etwas so Edles sollte man frisch verwenden, obwohl es Trüffeln auch in der Dose gibt. Günstiger, aber weniger aromatisch sind »Sommertrüffeln«. In jedem Fall werten sie Saucen und Suppen auf und machen – fein gehobelt auf Pasta oder Risotto – stets Eindruck.

5. Morcheln und Steinpilze

... sind Edelpilze und nicht ganz billig. Ihr köstliches Aroma verfeinert aber schon in geringen Mengen einfache Gerichte wie das Omelett von Seite 61. In getrockneter Form können sie nach dem Einweichen mit frischen Champignons oder Egerlingen zu aromatischen Beilagen, Suppen oder Saucen (s. S. 57) verarbeitet werden.

6. Lachs

... ist als Kotelett, Filet oder im Ganzen Hauptdarsteller für besondere Gerichte. Sein rosarotes Fleisch schmeckt köstlich und ist schnell gar. Frisch sollte er rasch verwendet werden, TK-Lachs eignet sich für spontane Edelgerichte aus dem Vorrat. Mit Räucherlachs aus dem Kühlregal lassen sich Vorspeisen schnell und einfach veredeln (s. S. 35).

7. Rinderfilet

... ist neben der Lende das wertvollste und magerste Stück vom Rind. Gut abgehangen wird es schön zart. Rinderfilet eignet sich hervorragend zum schnellen Braten in der Pfanne (*rare* = ca. 3 Min. pro Seite, *medium* = ca. 5 Min., *well done* = ca. 6–7 Min.). Es macht sich gut mit Sherry und Pfefferkruste (s. S. 74) oder klassisch als Gulasch »Stroganoff« (s. S. 77).

8. Entenbrust

... gibt es frisch oder abgepackt beim Metzger oder im Supermarkt. Besonders fein, bindegewebsarm und feinfaserig ist das Fleisch der französischen Barbarie-Ente, einer Kreuzung zwischen Flugentenweibchen und wildem Erpel. Aus Entenbrust ist mit Orange und Thymian schnell ein anspruchsvolles Gericht gezaubert (s. S. 79).

9. Feigen und Physalis

... sind aromatische Früchte, die selbst einfache Desserts veredeln. Frische Feigen gibt es von Juli bis November. Sie passen zu Blauschimmel-, Ziegen- oder Hartkäse (s. S. 95). Physalis (Kapstachelbeeren), orangerote kirschgroße Beeren mit papierartiger Hülle, schmecken im Fruchtsalat (s. S. 105) und eignen sich als Garnitur.

1
2
3
4
5
6
7
8
9

1. Zitronenöl

... gibt Salaten und Gemüse eine erfrischende mediterrane Note. Es ist im Supermarkt oder frisch vom Fass erhältlich. Es schmeckt sehr intensiv, deshalb kann man es z. B. gut mit etwas Olivenöl mischen. In Kombination mit einem nicht allzu geschmacksintensiven Essig kommt sein Aroma am besten zur Geltung.

2. Trüffelöl

... entsteht aus in Öl eingelegten Trüffeln. Dieses besonders edle, geschmacksintensive Öl hat seinen Preis, aber schon wenige Tropfen davon genügen, um einfache Gerichte wie z. B. das Kartoffelpüree von Seite 97 zu etwas Besonderem zu machen. Es eignet sich auch hervorragend zum Verfeinern von Salatsaucen.

3. Beerenessig

... aus Himbeeren oder Johannisbeeren gibt Blatt- und Gemüsesalaten einen fruchtigen Pfiff. Die verschiedenen Beerenessigsorten sind im Supermarkt oder in guter Qualität direkt vom Fass erhältlich. Mit ihrer leichten Süße machen sie sich auch prima in Wild- oder Geflügelsaucen.

4. Asia-Gewürze

... gibt es im Asienladen frisch oder getrocknet. Verschiedene fertige Gewürzmischungen wie Dajong oder 5-Gewürz-Pulver geben Fleisch und Fisch einen asiatischen Touch. Szechuan-Pfeffer wird in der Pfanne vorgeröstet, damit er sein leicht zitroniges Aroma entfalten kann. Frischer Ingwer verleiht Gerichten einen fruchtig-scharfen Geschmack.

5. Italienische Gewürze

... in getrockneter Form sind schnell zur Hand und lecker. Praktisch sind die verschiedenen Gewürzmischungen mit Oregano, Thymian, Basilikum, Chilischoten, Knoblauch. Oft sind die Mischungen bereits für ein bestimmtes Gericht gemacht, z. B. »Puttanesca« oder »Arrabiata- oder Bruschetta-Gewürz«.

6. Pesto

... wird traditionell aus frischem Basilikum, Knoblauch, Pinienkernen, Parmesan, Olivenöl und Salz hergestellt (s. S. 47). Neben dem klassischen Pesto Genovese gibt es etliche Varianten: Pesto Rosso, Koriander-, Bärlauch- oder Rucola-Pesto (s. S. 31). Ob fertig gekauft oder selbst gemacht, die mediterranen Pasten schmecken gut zu Pasta, Fisch und Fleisch.

7. Currypaste

... ist eine Würzpaste auf Basis von Chilischoten. Es gibt sie in Gelb (leicht scharf), Rot (scharf) oder Grün (sehr scharf) in unterschiedlichen Schärfegraden und Aromen. Fertige Currypasten aus dem Asienladen machen ein Gericht im Nu schön scharf. Man kann sie gut zusammen mit Kokosmilch verwenden, was die Schärfe etwas abmildert.

8. Safran

... wird aus den getrockneten Blütennarben einer Krokusart gewonnen. Das kostbare Gewürz mit dem einzigartigen Aroma ist edel und teuer zugleich. Schon eine kleine Menge genügt jedoch, um z. B. das Risotto mit Venusmuscheln von Seite 69 zu würzen und gelb einzufärben. Safran verfeinert auch Gebäck, asiatische Gerichte, Suppen oder Couscous.

9. Vanilleschoten

... sind die Früchte einer tropischen Orchideenpflanze. Verwendet wird nur das aromatische Mark der dunklen Schoten, die man mit einem scharfen Messer längs aufschlitzt, um das Innere herauszukratzen. Vanille schmeckt gut in Desserts auf Eier- oder Milchbasis, in Obstsalaten und vielen anderen süßen Gerichten.

1
2
3
4
5
6
7
8
9
CAMARGUE · SAFRAN

1. Fertigteige

... eignen sich für Vorspeisen, Hauptgerichte und Desserts gleichermaßen. Mit Teigen aus der Tiefkühltruhe lassen sich im Handumdrehen leckere Quiches und Tartes zaubern (s. S. 95) oder auch Filets raffiniert verhüllen (s. S. 75). Filoteig aus dem türkischen Lebensmittelladen ergibt mit exquisiten Zutaten, z. B. mit Schafkäse oder Scampi gefüllt und gebacken, eine delikate Vorspeise. Auch Desserts und süße Kuchen sind mit Fertigteigen schnell und einfach zubereitet, so z. B. die Früchtepizza von Seite 121 oder der Kirschkuchen von Seite 111.

2. Mariniertes Gemüse

... gibt es in großer Auswahl aus dem Glas: Artischockenherzen und -böden, eingelegte Paprikaschoten und Peperoni, weiße Riesenbohnen oder italienisches Antipasti-Gemüse. Kombiniert mit grünen und schwarzen Oliven, italienischer Salami oder Parmaschinken und Weiß- oder Fladenbrot lässt sich damit auf einfache Weise rasch eine bunte Vorspeisenplatte zusammenstellen.
Mit Sardellenfilets (aus dem Glas), Muscheln oder Sardinen (aus der Dose) können Sie das Ganze noch exklusiver machen.

3. Rösti

... sind eine ideale Beilage zu Fleischgerichten. Sie können Rösti selbst zubereiten (s. S. 77) oder zu bereits vorgebackenen Rösti aus dem Kühlregal greifen. Mit ihnen lässt sich schnell eine edle Vorspeise kreieren: Rösti von beiden Seiten in etwas Öl knusprig braten, herausnehmen, auf Küchenpapier abtropfen lassen. Je 1 Rösti mit je 1 Scheibe zusammengerolltem Räucherlachs belegen, mit etwas Zitronensaft beträufeln. Crème fraîche mit Salz und Pfeffer würzen und jeweils einen Klecks davon auf den Lachs geben. Mit Schnittlauchröllchen garniert servieren.

4. Kühlregal-Nudeln

... Tortellini, Ravioli, Tagliatelle und Co., gibt es fertig im Kühlregal des Supermarktes. Bereits vorgekocht haben sie nur eine kurze Garzeit. Ravioli und Tortelloni (s. S. 49 und 57) werden mit verschiedenen Füllungen, z. B. Käse, Fleisch, Spinat, angeboten. Zusammen mit einer fertigen Pastasauce oder frisch gehackten Kräutern und Olivenöl ist die Pasta fix auf dem Tisch. Besonders lecker zu gefüllten Nudeln ist eine schnelle Sauce aus in Salzlake eingelegten Krabben, Sahne und Dill (s. S. 47).

5. Chinesische Eiernudeln

... aus Weizenmehl und Ei gibt es in Asienläden und gut sortierten Supermärkten. Die Instant-Nudeln in einer Schüssel kurz mit kochend heißem Wasser bedecken, ziehen lassen, bis sie weich sind, abgießen und nach Belieben weiterverarbeiten. Sie lassen sich gut mit in Streifen geschnittenem gebratenem Hähnchen- bzw. Putenbrustfilet oder Rindfleisch, asiatischen Gewürzen und Gemüse kombinieren und passen auch zu Fisch und Meeresfrüchten wie Krabben oder Tintenfischringen.

6. Sorbets

... gibt es in verschiedenen Sorten fertig zu kaufen. Dieses schwach gefrorene Mittelding zwischen Eis und Eisgetränk aus Eischnee, Zucker und pürierten Früchten ist besonders schön als nobler Zwischengang im Rahmen eines anspruchsvollen Menüs, denn es neutralisiert das Geschmacksempfinden. So wird ein Sorbet oft zwischen Fisch- und Fleischgang gereicht. Es schmeckt aber auch gut als Dessert mit Frucht-, Vanille- oder Karamellsauce, die es ebenfalls als Fertigprodukte im Supermarkt zu kaufen gibt.

1
2
3
4
5
6

1. Croûtons

... in Butter oder Öl geröstete Weißbrotwürfel, gibt es verwendungsfertig in verschiedenen Geschmacksrichtungen zu kaufen, beispielsweise mit Knoblauch oder Kräutern. Croûtons werden über frische Blattsalate oder cremige Suppen gestreut. So lassen sich sogar Fertigsuppen aus der Tüte schnell und einfach aufwerten.

2. Kaviar

... muss nicht unbezahlbar sein. Neben den teureren Kaviarsorten vom Stör, dem Beluga, Sevruga und Osietra, gehört der orangefarbene Keta-Kaviar vom Lachs zu den bekanntesten. Zum Garnieren und Aufpeppen z. B. von Kartoffelpüree aus der Tüte, hart gekochten Eiern oder Folienkartoffeln eignet sich auch der preisgünstige Seehasen-Rogen (aus dem Glas).

3. Getrocknete Tomaten

... gibt es in Tüten abgepackt oder in Gläsern eingelegt. Im Ganzen passen sie gut auf einen Antipasti-Teller. In feine Streifen geschnitten peppen sie Fertigsalate oder Pastagerichte, z. B. mit Kühlregal-Nudeln (s. S. 8), edel auf. Auch auf Röstbroten machen sie sich gut, wie die schnellen Crostini von Seite 30 zeigen.

4. Pinienkerne

... sind die länglichen elfenbeinfarbenen Samen der Pinienzapfen. Ihr feinharziges Aroma entfaltet sich duftend beim Rösten (ohne Fett). Pinienkerne sind prima zum Bestreuen von Blattsalaten, sie werten Pastasaucen aus dem Glas raffiniert auf und eignen sich z. B. auch gemischt mit vorgegartem TK-Blattspinat als Füllung für Teigtäschchen aus TK-Blätterteig.

5. Käse

... verfeinert Salate, Pasta- und Gemüsegerichte. Mit Roquefort, Walnussöl, Balsamessig und Pfeffer lässt sich im Nu eine feine Salatsauce kreieren (s. S. 17). Gorgonzola verträgt sich z. B. gut mit Pasta, Geflügel und Spinat (s. S. 81). Parmesan – in groben Spänen oder fein gerieben – verleiht auch einfachsten (Fertig-) Gerichten eine edle Note.

6. Sprossen

... haben einen hohen Nährwert. Es gibt sie bereits fertig gekeimt verpackt im Supermarkt. Die Keimlinge aus Sojabohnen, Alfalfa, Senf, Kresse oder Weizen veredeln mit ihrem intensiven Aroma Salate oder Gemüse. Geröstete Baguettescheiben z. B. mit Alfalfasprossen belegt und mit Salz und Pfeffer gewürzt, sind Snacks mit Pfiff.

7. Pistazien

... werden bereits geschält und geröstet (manche auch gesalzen) angeboten. Die hellgrünen, ölhaltigen Samenkerne des Pistazienbaumes verfeinern Dips (s. S. 39) und eignen sich klein gehackt gut zum Bestreuen von Salaten und Gemüse oder als Garnitur für cremig gerührten Quark oder Joghurt, Fertigpudding, Obstsalat mit TK-Früchten oder Speiseeis (s. S. 115).

8. Kokosflocken

... oder -raspel aus getrocknetem Kokosnussfleisch halten sich einige Wochen lang im Vorrat. Sie schmecken nicht nur gut in Currys, sondern geben auch Nachspeisen einen Hauch von Exotik: Kokosflocken in einer beschichteten Pfanne (ohne Fett) kurz anrösten und über Sahnejoghurt streuen – fertig ist das Blitzdessert.

9. Krokant

... ist eine knusprig-krümelige Masse aus gehackten Mandeln, Hasel- oder Walnüssen, die mit Zucker karamellisiert wurden. Er eignet sich gut zum Bestreuen von Desserts aller Art. Quark, Joghurt mit frischem Obst, Mascarpone (s. S. 105) oder Vanilleeis mit Fruchtsauce lassen sich mit Krokantstreuseln knusprig versüßen.

1
2
3
4
5
6
7
8
9

1. Perfekte Planung

... ist die Voraussetzung für ein schönes und entspanntes Essen. Legen Sie zunächst die Personenzahl fest und überschlagen Sie Ihr Budget. Danach entscheiden Sie sich für eine Hauptspeise, wobei gilt: Je mehr Gäste Sie erwarten, desto wichtiger ist es, dass sich das Hauptgericht gut vorbereiten lässt. Vorspeise und Dessert sollten den Hauptgang ergänzen – d. h. zu Fisch sollte z. B. nicht auch noch eine Fischvorspeise gereicht werden. Auch beim Wein, der in der Regel zu edlen Gerichten besser schmeckt als Bier, bedarf es einer sorgfältigen Abstimmung.

2. Einkaufszettel

... sollten nicht zu winzig sein. Am besten ist eine nach Rubriken wie Gemüse, Fisch, Fleisch, Milchprodukte geordnete Liste. So sparen Sie sich viel Lauferei im Supermarkt. Achten Sie darauf, was Sie im Vorrat haben. Viele Zutaten, auch für schnelle, edle Gerichte wie z. B. asiatische Saucen und Gewürze sind länger haltbar und müssen nicht jedes Mal neu gekauft werden. Frische Produkte wie Salat und Gemüse, Fisch und Fleisch sollten dagegen frühestens am Vortag eingekauft und kühl gelagert werden oder bei kleiner Kühlschrankkapazität erst am Tag des Verzehrs besorgt werden.

3. Das Zubereiten

... mehrerer Speisen gleichzeitig erzeugt oft überflüssigen Stress in der Küche. Viele Gerichte aus diesem Buch lassen sich gut vorbereiten und bis zum Verzehr warm oder kalt stellen. Wenn Sie ein mehrgängiges Essen servieren möchten, jedoch nur wenig Zeit zur Verfügung haben, sollten Sie bei der Menüzusammenstellung darauf achten, dass die Gerichte nicht zu kompliziert und (zeit-)aufwändig in der Zubereitung sind. Ideal ist dabei der Einsatz von TK- und Halbfertigprodukten, die sich schnell edel aufpeppen lassen (s. S. 4–11).

4. Das Ambiente

... sollten Sie nicht unterschätzen, egal ob bei einem Essen zu zweit oder einer Einladung für mehrere Gäste. Oft genügen schon ein paar Blumen, Kerzen und Stoffservietten, um auf die Schnelle ein schönes Ambiente zu schaffen. Zusätzlich können Sie je nach Jahreszeit mit typischen Dekos experimentieren, wie z. B. Kieselsteinen, bunten Herbstblättern oder effektvollen Zutaten wie Zitronen, frischen Chilischoten, Peperoni oder Nüssen. Achten Sie auch auf Licht und Farben: Kerzenschein, mildes Licht und harmonierende Farben sorgen für eine angenehme Atmosphäre.

5. Die Tischdeko

... lässt sich fix mit einfachen Mitteln gestalten: Ein weißes Papiertischtuch (Schreibwarengeschäft) kann mit Alufolie und Teelichtern aufgepeppt werden. Statt Tischsets können Sie auch die Plätze der Gäste mit dicken Silber- oder Goldstiften aufs Papier malen. Oder Sie »beziehen« den Tisch mit Packpapier, verschnüren ihn wie ein Paket und schreiben mit bunten Wachsmalstiften die Namen der Gäste an deren Plätze. Originell: Zeitungspapier als »Tischdecke«, dekoriert mit schwarzen und weißen Kerzen und schwarzem und/oder weißem Geschirr.

6. Servieren

... Sie das Essen in Ruhe und ohne Hektik. Lassen Sie sich zwischen den einzelnen Gängen Ihres Schnell-und-edel-Menüs unbedingt etwas Zeit zum Genießen und bereiten Sie so viel wie möglich im Voraus vor. Generell gilt: Suppen fertig zubereiten und kurz vor dem Servieren noch mal erhitzen. Salate waschen, putzen, das Dressing bereitstellen, aber erst kurz vorher untermischen. Kräuter zum Bestreuen vorbereiten. Desserts am besten schon am Vortag zubereiten und im Kühlschrank kalt stellen.

1
2
Butter
Brot
Salz
Getränke
3
4
5
6

Edles Entrée – Vorspeisen

Die machen an – schnelle Aperitifs

Sie sind die Eröffnung zu einem exklusiven Essen und erfüllen einen doppelten Zweck: Ein Aperitif (lat. aperire = öffnen) bereitet auf besondere Genüsse vor und sorgt dafür, dass die Gäste nicht mit leeren Händen dastehen, bevor es richtig losgeht. Er sollte nicht zu viel Alkohol enthalten, denn der tötet die Geschmacksnerven, und sollte mit etwas Ruhe getrunken werden, denn entspannt genießt sich das folgende schöne Essen besser. Hier einige Tipps für den richtigen Auftakt.

Aperol, ein Bitter-Aperitif aus Rhabarber und anderen Zutaten, ist Basis für erfrischende Drinks wie z. B. einen **Aperol Sour:** Für 1 Drink 6 cl Aperol, 4 cl Zitronensaft und 1 cl Zuckersirup mit 4 Eiswürfeln im Shaker mixen und durch ein Sieb in ein breites, kleines Glas auf 2–3 weitere Eiswürfel gießen. Mit 1 Stück unbehandelter Orangenschale und 1 Cocktailkirsche am Spieß dekorieren. Für den schnellen **Aperol Sprizzetto** 6 cl eisgekühlten Prosecco in ein Glas mit 2–3 Eiswürfeln gießen, 4 cl Aperol und 1 Spritzer Soda dazugeben. Mit 1 Orangenscheibe garnieren.

Bellini ist ein exquisiter Aperitif für ebensolche Gelegenheiten und zudem ein schönes Sommergetränk! Für 1 Drink 1/2 reifen geschälten und in Stücke geschnittenen Pfirsich mit 1 Spritzer Grenadinesirup pürieren, in ein Sektglas füllen und mit kaltem trockenem Sekt oder Champagner auffüllen. Oder 4 cl Pfirsichnektar und 1 Spritzer Zitronensaft in ein Sektglas gießen, mit kaltem trockenem Sekt oder Champagner auffüllen. Für ganz Eilige: Bellini gibt es auch fertig in der Flasche zu kaufen – nur kalt stellen und servieren!

Blue Curaçao, ein blau eingefärbter Likör aus Bitterorangenschalen, bringt das Karibikflair der Insel Curaçao ins Glas. Ein schöner blauer Caribbean Drink ist der **Blue Bird:** Für 1 Drink 2–3 zerstoßene Eiswürfel in ein Sektglas geben. 4 cl Curaçao darüber gießen, mit kaltem trockenem Sekt auffüllen. 1/4 unbehandelte Orangenscheibe dazugeben. Mit Melisseblättchen garniert servieren.

Campari ist ein Klassiker unter den Aperitifs. Der rote Kräuterlikör aus Italien schmeckt am besten gemischt mit kaltem Soda oder frisch gepresstem Orangensaft **(Campari Orange).** International bekannt ist auch der **Americano:** Für 1 Drink 2–3 Eiswürfel in ein Aperitifglas geben, 3 cl Campari und 3 cl Vermouth Rosso dazugeben, mit Mineralwasser oder Soda auffüllen. 1 Stück unbehandelte Orangenschale darüber ausdrücken, so dass die ätherischen Öle ins Glas tropfen.

Kir Royal ist die prickelnde Edelvariante des Kir (Weißwein mit Cassis). Für 1 Drink 1 cl Cassis (Johannisbeerlikör) in ein Sektglas gießen, mit kaltem trockenem Sekt oder Champagner auffüllen.

Sherry, eine spanische Spezialität aus Weißwein, gibt es in diversen Sorten – von leicht und trocken bis schwer und süßlich. Sherry schmeckt pur oder in feinen Drinks, wie z. B. **Sherry Shandy:** Für 1 Drink ein Longdrinkglas innen mit 3 Spritzern Angostura benetzen. 4 cl Medium Sherry ins Glas gießen, mit kaltem Ginger Ale auffüllen und 1–2 Eiswürfel dazugeben.

Als Dekoration eignen sich Minze- oder Melisseblättchen, Cocktailspieße mit Ananas- oder Orangenstücken oder -scheiben und Cocktailkirschen, Limetten-, Orangen- oder Zitronenscheiben oder mit einem Sparschäler abgehobelte Schalengirlanden von Orangen, Limetten oder Zitronen (nur von unbehandelten Früchten!). Reichen Sie dazu am besten ein Schälchen mit Oliven oder pikantes Gebäck wie Blätterteigstangen oder Grissini.

herbstlich **Chicoréesalat mit Orangenfilets**

Für 4 Personen:
6 Stauden Chicorée
2 Orangen
6 EL neutrales Pflanzenöl
1 TL scharfer Senf
3 EL Weißweinessig
3 EL Sahne / Salz / Pfeffer
2–3 EL gehackte Walnusskerne

Zubereitungszeit: ca. 20 Min.
Pro Portion: ca. 265 kcal

1 Von den Chicoréestauden die äußeren Blätter entfernen, die Strünke herausschneiden. Chicorée in 1–2 cm breite Streifen schneiden, in einem Sieb kalt abbrausen und abtropfen lassen.

2 Die Orangen mit einem scharfen Messer schälen, dabei die weiße Haut vollständig entfernen. Die Fruchtfleischfilets zwischen den Trennhäutchen mit dem Messer herausschneiden (s. S. 78).

3 In einer Salatschüssel das Öl mit dem Senf verrühren, den Weißweinessig untermischen. Die Sahne in einem Schüsselchen steif schlagen und unter die Salatsauce rühren. Alles mit Salz und Pfeffer abschmecken.

4 Chicorée und Orangenfilets dazugeben und mit der Salatsauce mischen. Die gehackten Walnüsse über den Salat streuen. Vor dem Servieren einige Min. ziehen lassen.

macht schwer was her

Chicoréesalat mit Roquefort

Für 4 Personen:
4 Stauden Chicorée
6 EL Walnussöl
2 EL weißer Aceto balsamico
Pfeffer
150 g Roquefort
1 Kästchen Brunnenkresse (ersatzweise Gartenkresse)
2–3 EL gehackte Walnusskerne

Zubereitungszeit: ca. 15 Min.
Pro Portion: ca. 335 kcal

1 Von den Chicoréestauden die äußeren Blätter entfernen, die Strünke herausschneiden. Chicorée in 1–2 cm breite Streifen schneiden, in einem Sieb kalt abbrausen und abtropfen lassen.

2 In einer Salatschüssel Walnussöl, Aceto balsamico und Pfeffer verrühren, den Chicorée untermischen. Den Roquefort zerbröseln und vorsichtig unter den Salat mischen.

3 Den Salat auf vier Teller verteilen. Die Kresse abbrausen, trockenschütteln und mit der Küchenschere vom Beet über den Salat schneiden. Mit gehackten Walnusskernen garnieren.

Dressingvariante

Chicorée harmoniert auch gut mit einer **Joghurt-Kräuter-Sauce:** 150 g Naturjoghurt mit 2 EL Zitronensaft und 1 EL Sonnenblumenöl in einer Schüssel verrühren, mit Salz und Pfeffer würzen. 1–2 EL frisch gehackte Kräuter (z. B. Schnittlauch, Petersilie, Dill) untermischen. Fertig!

knackig frisch **Eichblattsalat mit Austernpilzen**

(im Bild hinten)

Für 4 Personen:
1 großer Kopf Eichblattsalat
250 g Austernpilze
3 frische Salbeiblätter
(ersatzweise 1/2 TL getrockneter Salbei)
1 Knoblauchzehe
150 g durchwachsener Räucherspeck
3 EL Olivenöl
1 EL Rotweinessig
Salz / Pfeffer

Zubereitungszeit: ca. 20 Min.
Pro Portion: ca. 325 kcal

1 Den Eichblattsalat putzen, waschen und trockenschleudern. Die Blätter sternförmig auf vier Tellern anrichten. Von den Austernpilzen die Stiele entfernen, die Kappen mit Küchenpapier trocken abreiben. Die Salbeiblätter in Streifen schneiden. Die Knoblauchzehe schälen und fein hacken. Den Speck in kleine Würfel schneiden.

2 1 EL Olivenöl in einer Pfanne erhitzen, Austernpilze, Salbei und Knoblauch darin anbraten, herausnehmen und auf dem Salat verteilen.

3 Den Speck in die Pfanne geben und kurz anbraten, den Rotweinessig dazugeben, vom Herd nehmen und mit dem restlichen Olivenöl, Salz und Pfeffer verrühren. Die Speckvinaigrette über den Salat verteilen.

Clever zubereiten

Träufeln Sie die **Vinaigrette** erst kurz vor dem Servieren über den Salat, so bleiben die Blätter frisch und knackig.

exquisit **Romanasalat mit Erdbeeren**

(im Bild vorne)

Für 4 Personen:
1 Kopf Romanasalat
300 g Erdbeeren
2 1/2 EL Zitronensaft
2 EL weißer Aceto balsamico
6 EL Haselnussöl
(ersatzweise neutrales Pflanzenöl)
1–2 Prisen Zucker
Salz / Pfeffer
2 TL grüne Pfefferkörner (aus dem Glas)

Zubereitungszeit: ca. 20 Min.
Pro Portion: ca. 305 kcal

1 Den Romanasalat putzen, waschen und trockenschleudern. Die Blätter auf vier Teller verteilen. Die Erdbeeren waschen, von den Stielansätzen befreien und je nach Größe halbieren oder vierteln.

2 Für die Salatsauce die Hälfte der Erdbeeren, den Zitronensaft, Aceto balsamico, Haselnussöl, Zucker, Salz und Pfeffer mit dem Pürierstab pürieren.

3 Die Salatsauce über den Salat träufeln, die restlichen Erdbeeren darauf verteilen und die Pfefferkörner darüber streuen.

Tauschbörse

Keine Lust auf Erdbeeren? Der Romanasalat schmeckt auch mit frischen **Himbeeren.**

Edles Entrée *mit leichten Blattsalaten*

sehr edel **Pochierte Eier im Feldsalatnest**

(im Bild links)

Für 4 Personen:
200 g Feldsalat
150 g Graved Lachs (ersatzweise Räucherlachs)
2 Schalotten | 100 ml trockener Weißwein
1 EL Champagneressig (ersatzweise Weißweinessig)
1 Bund Dill | 3 EL kalte Butter
Salz | Pfeffer | 2 EL Weißweinessig
16 ganz frische Wachteleier (ersatzweise 8 kleine Hühnereier)

Zubereitungszeit: ca. 30 Min.
Pro Portion: ca. 375 kcal

1 Den Feldsalat putzen, waschen und trockenschleudern. Den Lachs in Streifen schneiden.

2 Für die Sauce die Schalotten schälen und klein würfeln. Wein, Champagneressig und Schalotten in einem kleinen Topf erhitzen und die Flüssigkeit auf die Hälfte einkochen lassen.

3 Den Dill waschen, trockenschütteln und klein hacken. Die Sauce vom Herd nehmen, nach und nach mit dem Schneebesen die Butter unterschlagen. Dill dazugeben. Salzen und pfeffern.

4 In einem weiten Topf ca. 2 l Wasser mit dem Essig zum Kochen bringen, den Topf vom Herd nehmen. Jeweils 1 Ei in eine (Espresso-)Tasse aufschlagen **(Step 1)** und vorsichtig in das siedende Wasser gleiten lassen **(Step 2)**. Bei ganz schwacher Hitze ca. 1 Min. (Hühnereier ca. 4 Min.) gar ziehen lassen. Die pochierten Eier mit einem Schaumlöffel herausheben und auf Küchenpapier abtropfen lassen **(Step 3)**.

5 Den Salat auf vier Tellern anrichten, Eier und Lachsstreifen darüber verteilen. Die Sauce darüber gießen.

Clever zubereiten

Indem Sie die **Eier** beim Hineingleiten ins siedende Wasser mit einer **Schöpfkelle** vorsichtig auffangen, verhindern Sie das Zerfließen des Eiweißes. Unregelmäßige Ränder vor dem Servieren einfach mit einem Messer abschneiden.

Caesar's Liebling **Endiviensalat mit Parmesan**

(im Bild rechts)

Für 4 Personen:
1 kleiner Kopf Endiviensalat
1 kleine Zwiebel | 1 Knoblauchzehe
1 Scheibe Toastbrot | 1/2 EL Butter
Salz | 3 EL Hühnerbrühe (Instant)
3 EL Weißweinessig
1 TL mittelscharfer Senf
1 ganz frisches Eigelb
4 EL neutrales Pflanzenöl
Pfeffer | 100 g Parmesan in groben Spänen

Zubereitungszeit: ca. 25 Min.
Pro Portion: ca. 245 kcal

1 Vom Endiviensalat die äußeren grünen (bitteren) Blätter entfernen. Den Salat putzen, waschen, trockenschleudern und in mundgerechte Stücke zupfen. Die Zwiebel schälen und in Halbringe schneiden. Den Knoblauch schälen und fein hacken. Alles in einer Schüssel mischen.

2 Für die Croûtons das Toastbrot entrinden, in kleine Würfel schneiden und in der Butter leicht anrösten, etwas salzen. Beiseite stellen.

3 Die Brühe und den Essig erhitzen. Einmal kurz aufkochen lassen, vom Herd nehmen, etwas abkühlen lassen. Im Mixer mit dem Senf und dem Eigelb mischen, dabei nach und nach das Öl dazugeben. Salzen und pfeffern. Die Sauce über den Salat gießen und untermengen. Die Croûtons und den Parmesan darüber streuen.

feinherber Mix **Radicchio-Spinat-Salat mit Artischocken**

Für 4 Personen:
1 Ei / 1 Kopf Radicchio
200 g junger Blattspinat
1 kleines Glas Artischockenherzen (180 g Abtropfgewicht)
2 Zwiebeln / 1/2 Knoblauchzehe
4 EL Weißweinessig / Salz / Pfeffer
6 EL Olivenöl / 2 EL Sonnenblumenkerne

Zubereitungszeit: ca. 25 Min.
Pro Portion: ca. 225 kcal

1 Das Ei in ca. 10 Min. hart kochen, kalt abschrecken und abkühlen lassen. Den Radicchio (s. Tipp S. 23) zerpflücken, putzen, waschen und trockenschleudern. Den Radicchiostrunk auf einer Gemüsereibe fein reiben. Den Spinat verlesen, von groben Stiele befreien, waschen und abtropfen lassen.

2 Die Artischockenherzen in ein Sieb abgießen und abtropfen lassen, dann in Viertel schneiden. Die Zwiebeln schälen und in Ringe schneiden.

3 Eine Salatschüssel mit dem Knoblauch ausreiben. Radicchioblätter, Spinatblätter und Artischockenherzen locker hineingeben, die Zwiebelringe darüber streuen.

4 Essig, Salz, Pfeffer, Öl und den geriebenen Radicchiostrunk in einem Schüsselchen verrühren und über den Salat gießen. Alles vorsichtig vermengen.

5 Das Ei pellen und klein hacken. Die Sonnenblumenkerne in einer beschichteten Pfanne ohne Fett unter Rühren goldbraun rösten. Den Salat auf vier Teller verteilen und mit Sonnenblumenkernen und gehacktem Ei bestreut servieren.

steirisch veredelt Radicchio mit Kürbiskernvinaigrette

Für 4 Personen:
2 Köpfe Radicchio | 2 EL Aceto balsamico
Salz | Pfeffer | 4 EL Kürbiskernöl
150 g Parmaschinken in dünnen Scheiben
2 EL geschälte Kürbiskerne

Zubereitungszeit: ca. 15 Min.
Pro Portion: ca. 255 kcal

1 Den Radicchio (s. Tipp) zerpflücken, putzen, waschen und trockenschleudern. Die Blätter längs in lange schmale Streifen schneiden und auf vier Teller verteilen.

2 Aceto balsamico, Salz, Pfeffer und das Kürbiskernöl in einem Schüsselchen verrühren und über den Radicchio träufeln. Die Schinkenscheiben auf den Salat legen.

3 Die Kürbiskerne in einer beschichteten Pfanne ohne Fett unter Rühren rösten und über den Salat streuen.

Clever zubereiten

Der **Radicchio** schmeckt Ihnen **zu bitter?** Waschen Sie die Blätter doch einfach in Zuckerwasser (ca. 1 EL Zucker auf 5 l Wasser) – das sorgt für eine mildere Geschmacksnote.

Luxuskick

*Darf's noch exquisiter sein? Dann ersetzen Sie den Parmaschinken durch **»Coppa«**, einen aromatischen, zart-mürben Schinken aus gewürztem, luftgetrocknetem Schweinenacken oder Schweinefilet. Diese Spezialität aus der Emilia-Romagna gibt es bei uns in Feinkostgeschäften.*

Edles Entrée mit leichten Blattsalaten

knackig mit Schmelz **Friséesalat mit gratiniertem Ziegenkäse**

(im Bild hinten)

Für 4 Personen:
1/2 Baguette
2 Knoblauchzehen
250 g Ziegenfrischkäse
1 kleiner Kopf Friséesalat
3 EL Rotweinessig
Salz / Pfeffer
5 EL Olivenöl
1 Bund Schnittlauch

Zubereitungszeit: ca. 25 Min.
Pro Portion: ca. 385 kcal

1 Den Backofen auf 180° vorheizen. Das Baguette in 1–2 cm dicke Scheiben schneiden und im Toaster hellbraun toasten. 1 Knoblauchzehe schälen und halbieren, dann die Baguettescheiben damit einreiben.

2 Den Ziegenkäse in ca. 1 cm dicke Scheiben schneiden. Die Brotscheiben mit dem Ziegenkäse belegen und im heißen Backofen (Mitte, Umluft 160°) ca. 10 Min. überbacken.

3 Den Friséesalat zerpflücken, putzen, waschen und trockenschleudern. Die Blätter in ca. 5 cm lange Stücke schneiden.

4 Den Rotweinessig, Salz, Pfeffer und das Olivenöl in einer Salatschüssel verrühren. Den restlichen Knoblauch schälen, fein hacken und unterrühren. Den Salat untermischen.

5 Den Schnittlauch waschen, trockenschütteln und in kleine Röllchen schneiden. Den Salat auf vier Tellern anrichten, die Baguettescheiben darauf legen. Den Schnittlauch darüber streuen.

mediterran **Lollo bianco mit Oliven und Paprika**

(im Bild vorne)

Für 4 Personen:
1 Kopf Lollo bianco
je 1 rote und gelbe Paprikaschote
1 kleine Zwiebel
1 Knoblauchzehe
2 EL entsteinte schwarze Oliven
1 EL frische Thymianblättchen
(ersatzweise 1/2 TL getrockneter Thymian)
Salz / Pfeffer / 1–2 EL Weinessig
6 EL Olivenöl

Zubereitungszeit: ca. 15 Min.
Pro Portion: ca. 170 kcal

1 Den Lollo bianco zerpflücken, putzen, waschen und trockenschleudern. Die Blätter in mundgerechte Stücke zupfen und auf vier Teller verteilen. Die Paprikaschoten waschen, vierteln, von Stielansätzen, Kernen und inneren Trennwänden befreien und in dünne Streifen schneiden. Über den Salat verteilen.

2 Zwiebel und Knoblauch schälen und in kleine Würfel schneiden. Die Hälfte der Oliven klein würfeln. Den Thymian hacken. Alles mit Salz, Pfeffer und Essig verrühren, dann das Olivenöl untermischen. Die Sauce über den Salat verteilen. Mit den restlichen Oliven garniert servieren.

Luxuskick

Noch feiner wird der Salat mit 200 g frischem ***Lachssteak:*** *In 1 EL neutralem Pflanzenöl knapp gar braten (das Fleisch soll auf Fingerdruck leicht federnd nachgeben), in Würfel schneiden und über den Salat geben. Wenn es mal eilt, den Salat einfach mit* ***Räucherlachsstreifen*** *bestreuen.*

schmeckt nach 1001 Nacht **Orientalischer Gurkensalat**

Für 4 Personen:
2 Salatgurken
Salz / 1 Bund Minze
250 g Joghurt
1 Prise Zimtpulver
3 EL Sultaninen
Pfeffer

Zubereitungszeit: ca. 15 Min.
Abtropfzeit: ca. 30 Min.
Pro Portion: ca. 85 kcal

1 Die Gurken schälen, der Länge nach halbieren, Kerne mit einem kleinen Löffel herauskratzen. Die Gurkenhälften erst längs in Streifen, dann quer in ca. 1 cm große Würfel schneiden. Etwas salzen und ca. 30 Min. in einem Sieb abtropfen lassen.

2 Die Minze waschen und trockenschütteln. Zwei Drittel davon klein hacken und mit dem Joghurt und dem Zimt in einer Schüssel verrühren. Die Sultaninen dazugeben. Die Gurkenwürfel untermischen und alles mit Salz und Pfeffer abschmecken.

3 Den Salat in vier Schälchen anrichten und mit den übrigen Minzeblättchen garniert servieren.

Clever genießen

Wenn Sie die Gurken in ganz kleine Würfelchen schneiden und dann weiterverarbeiten wie oben beschrieben, können Sie den Salat auch als **Dip für Cracker oder Rohkost** reichen.

für Rohkostfans

Selleriesalat mit Äpfeln

Für 4 Personen:
1 Knollensellerie
2 große rotschalige Äpfel
2 EL Korinthen
(ersatzweise Rosinen oder Sultaninen)
2 EL Salatmayonnaise
2 EL saure Sahne
1 EL Milch
1 EL Zitronensaft
1 TL Zucker
Salz / Pfeffer

Zubereitungszeit: ca. 15 Min.
Pro Portion: ca. 105 kcal

1 Den Sellerie schälen und in ca. 1 cm große Würfel schneiden. Die Äpfel waschen, trockenreiben und vierteln, dabei die Kerngehäuse entfernen. Die Äpfel in kleine Würfel schneiden.

2 Sellerie, Äpfel und Korinthen in einer Salatschüssel mischen.

3 In einem Schüsselchen die Mayonnaise mit der sauren Sahne, der Milch, dem Zitronensaft, Zucker, Salz und Pfeffer cremig rühren, die Sauce über den Salat geben und alles gut durchmischen.

Farmer-Variante

Die Mayosauce passt auch gut zu dieser Variante: Für 4 Personen 6 Stangen **Staudensellerie,** 2 **Frühlingszwiebeln** und 2 **Möhren** putzen und schälen. Den Sellerie in Halbringe, die Frühlingszwiebeln in Röllchen schneiden. Die Möhre raspeln. 285 g **Maiskörner** (aus der Dose) abtropfen lassen. Alles in einer Salatschüssel mischen. Die Sauce wie in Step 3 beschrieben anrühren und untermengen.

für die Festa italiana Rigatoni-Salat mit Mozzarella

(im Bild vorne)

Für 4 Personen:
400 g Rigatoni | Salz
2 EL Aceto balsamico | Pfeffer
2 Knoblauchzehen | 2 EL Olivenöl
500 g Tomaten | 1 gelbe Paprikaschote
je 1/2 Bund glatte Petersilie und Basilikum
1 Hand voll Minzeblättchen
250 g Mozzarella
1 EL Kapern (aus dem Glas)
1 EL Zitronensaft

Zubereitungszeit: ca. 30 Min.
Pro Portion: ca. 570 kcal

1 Die Rigatoni in ca. 5 l kochendem Salzwasser nach Packungsanweisung bissfest garen.

2 Inzwischen in einer Salatschüssel Aceto balsamico mit Salz und Pfeffer verrühren. Den Knoblauch schälen und durch die Presse dazupressen. Das Olivenöl unterrühren.

3 Die Tomaten waschen und in ca. 2 cm große Würfel schneiden, dabei die Stielansätze entfernen. Die Paprika waschen, vierteln, von Stielansatz, Kernen und inneren Trennwänden befreien und in ca. 2 cm große Stücke schneiden. Die Petersilie, das Basilikum und die Minze waschen und trockenschütteln, die Blättchen in Streifen schneiden. Alles in der Salatschüssel mischen.

4 Die Rigatoni in ein Sieb abgießen, mit kaltem Wasser abschrecken und abtropfen lassen.

5 Den Mozzarella würfeln und mit den Kapern und den Rigatoni in die Salatschüssel geben. Mit Zitronensaft, Salz und Pfeffer abschmecken und alles gut durchmischen.

1-2-3 aufs Büfett Hähnchenbrust-Salat

(im Bild hinten)

Für 4 Personen:
500 g Hähnchenbrustfilet
Salz
Pfeffer
2 EL neutrales Pflanzenöl
200 g Salatmayonnaise
3 EL Zitronensaft
1 EL Zucker
200 g gekochter Schinken
1 Dose Erbsen (140 g Abtropfgewicht)

Zubereitungszeit: ca. 25 Min.
Pro Portion: ca. 525 kcal

1 Das Hähnchenfleisch kalt abspülen, trockentupfen und rundum salzen und pfeffern. Das Öl in einer Pfanne erhitzen, das Fleisch darin bei starker Hitze von jeder Seite kurz anbraten, dann bei mittlerer Hitze von jeder Seite 5–7 Min. weiterbraten. Herausnehmen und abkühlen lassen.

2 Inzwischen die Mayonnaise in einer Salatschüssel mit dem Zitronensaft, Zucker und Salz verrühren.

3 Den Schinken in Streifen schneiden. Die Hähnchenbrust in ca. 1 cm große Würfel schneiden. Schinken und Fleisch in die Schüssel geben und vermengen.

4 Die Erbsen in ein Sieb abgießen, abtropfen lassen und unter den Salat mischen. Mit Pfeffer abschmecken.

Tauschbörse

Für eine schlankere Version der Salatsauce ersetzen Sie die Hälfte der Mayonnaise durch **Joghurt** und würzen nach Belieben stärker.

blitzschnell Crostini mit getrockneten Tomaten

Für 4 Personen:
8 getrocknete Tomaten, in Öl eingelegt
1/2 Bund glatte Petersilie
1 Knoblauchzehe
1 TL Zitronensaft
Salz | Pfeffer
12 dünne Scheiben Baguette
Außerdem:
Olivenöl zum Beträufeln

Zubereitungszeit: ca. 15 Min.
Pro Portion: ca. 205 kcal

1 Den Backofen auf 250° vorheizen. Die getrockneten Tomaten klein würfeln. Die Petersilie waschen und trockenschütteln, die Blättchen fein hacken. Die Knoblauchzehe schälen und ebenfalls fein hacken.

2 Die Tomaten, die Petersilie und den Knoblauch in einem Schüsselchen mischen und mit Zitronensaft, Salz und Pfeffer würzen.

3 Die Baguettescheiben mit etwas Olivenöl beträufeln und im heißen Backofen (Mitte, Umluft 225°) in 4–5 Min. goldbraun rösten. Die Baguettescheiben aus dem Ofen nehmen, die Tomatenmischung darauf verteilen.

Edles hausgemacht

Rucola-Pesto auf Baguette

Für 4 Personen:
1 Bund Rucola
1 Bund Basilikum
3 Knoblauchzehen
1/2 TL Meersalz (ersatzweise Salz)
2 EL Pinienkerne
je 5 EL frisch geriebener Pecorino und Parmesan
100 ml Olivenöl
1 Baguette

Zubereitungszeit: ca. 20 Min.
Pro Portion: ca. 400 kcal

1 Die Rucola von groben Stielen befreien und waschen. Die Blätter in sprudelnd kochendem Wasser kurz blanchieren, dann in ein Sieb abgießen, kalt abschrecken und abtropfen lassen. Das Basilikum waschen und trockenschütteln. Basilikumblättchen und Rucola klein schneiden. Die Knoblauchzehen schälen und grob hacken.

2 Rucola, Basilikum, Knoblauch und Meersalz im Mixer pürieren.

3 Die Pinienkerne in einer beschichteten Pfanne ohne Fett unter Rühren goldbraun rösten. Pinienkerne, Pecorino und Parmesan in den Mixer dazugeben. Alles nochmals kurz durchmixen. Das Olivenöl unterrühren.

4 Das Baguette schräg in 2–3 cm dicke Scheiben schneiden und nach Belieben im Toaster goldbraun rösten. Die Baguettescheiben mit dem Rucola-Pesto bestreichen und servieren.

Clever genießen

Lust auf mehr? Das Rucola-Pesto schmeckt auch als **Pastasauce,** z. B. zu frischen Tagliatelle aus dem Kühlregal.

blitzschnell Avocado-Shrimps-Cocktail

(im Bild vorne)

Für 4 Personen:

2 reife Avocados
Saft von 1 Zitrone
100 g Salatmayonnaise
2 EL Cognac
2 EL Tomatenketchup
Salz / Pfeffer
1 Spritzer Tabasco
250 g frische gegarte Shrimps (ersatzweise Garnelen in Salzlake, abgetropft)
1 Hand voll Kerbelblättchen
1 EL rosa Pfefferkörner

Zubereitungszeit: ca. 15 Min.
Pro Portion: ca. 490 kcal

1 Die Avocados halbieren, die Kerne entfernen. Die Avocados schälen. Das Fruchtfleisch in Fächer schneiden, auf vier Teller verteilen und sofort mit Zitronensaft beträufeln.

2 Für die Sauce die Mayonnaise, den Cognac und den Tomatenketchup verrühren, mit Salz, Pfeffer und Tabasco kräftig würzen. Die Shrimps dazugeben und untermischen.

3 Den Shrimps-Cocktail neben den Avocadofächern auf den Tellern anrichten. Mit Kerbelblättchen und Pfefferkörnern garnieren.

Stylingtipp

Statt frischem Kerbel und rosa Pfefferkörnern können Sie zur Garnierung auch Blättchen von **glatter Petersilie** oder **Dillzweige** und ein paar in Viertel geschnittene **Cocktailtomaten** verwenden.

italienisch de luxe Tomaten-Carpaccio mit Rucola

(im Bild hinten)

Für 4 Personen:

6 Eiertomaten (ersatzweise Strauch- oder Fleischtomaten)
Salz
schwarzer Pfeffer, grob gemahlen
2 Bund Rucola
100 g Parmesan am Stück
1 EL Aceto balsamico
3 EL Olivenöl
2 EL Pinienkerne

Zubereitungszeit: ca. 20 Min.
Pro Portion: ca. 220 kcal

1 Die Tomaten kreuzweise einritzen und mit kochend heißem Wasser kurz überbrühen, dann mit kaltem Wasser abschrecken und enthäuten. Tomaten in dünne Scheiben schneiden, dabei die Stielansätze entfernen. Die Scheiben wie ein Carpaccio auf einem Teller anrichten. Mit Salz und grob gemahlenem Pfeffer würzen.

2 Die Rucola von groben Stielen befreien, waschen und trockenschütteln. Die Blätter auf den Tomatenscheiben verteilen. Den Parmesan mit der Reibe grob hobeln oder mit einem Sparschäler in Späne schneiden und darüber geben.

3 Aceto balsamico, Salz, Pfeffer und das Olivenöl in einem Schüsselchen verrühren und über das Tomaten-Carpaccio träufeln. Die Pinienkerne in einer beschichteten Pfanne ohne Fett unter Rühren goldbraun rösten, kurz abkühlen lassen und darüber streuen.

für Spontanbesuch

Räucherlachs-Häppchen

(im Bild hinten)

Für 4 Personen:
150 g Crème fraîche / 2 EL Zitronensaft
Salz / Pfeffer / 1 Bund Schnittlauch
8 Scheiben Toastbrot / 200 g Räucherlachs

Zubereitungszeit: ca. 15 Min.
Pro Portion: ca. 395 kcal

1 Crème fraîche und Zitronensaft verrühren, mit Salz und Pfeffer würzen. Schnittlauch waschen, trockenschütteln, in Röllchen schneiden und bis auf 1 EL zum Garnieren untermischen.

2 Toastbrotscheiben entrinden und im Toaster hellbraun toasten. Mit der Schnittlauchcreme bestreichen und diagonal halbieren. Räucherlachs in Streifen schneiden, die Brote damit belegen. Mit Schnittlauchröllchen garnieren.

Deftige Variante

Für 8 **Pumpernickel-Häppchen** 2 Schalotten schälen und fein hacken. 200 g Räucherlachs fein würfeln und in einer Schüssel mit den Schalotten, 2 EL Zitronensaft und 100 g Crème double (ersatzweise Crème fraîche) mischen. Mit Salz und Pfeffer würzen. In einer zweiten Schüssel 2 EL Schnittlauchröllchen mit 200 g Crème double (ersatzweise Crème fraîche) mischen, salzen und pfeffern. Aus beiden Massen kleine Nocken formen. Die Nocken auf die Pumpernickeltaler setzen, mit Schnittlauchröllchen garniert servieren.

Clever aus dem Vorrat

Die Räucherlachs-Häppchen eignen sich super für Überraschungsbesuch, als **schnelle Vorspeise** oder auch **für Partys.** Abgepackter Räucherlachs hält sich im Kühlschrank einige Tage, so dass Sie ihn gut auf Vorrat einkaufen können.

Mitternachtshäppchen

Tunfisch-Käse-Cracker

(im Bild vorne)

Für 20–25 Stück:
200 g Doppelrahm-Frischkäse
2 EL Milch
100 g naturell eingelegter Tunfisch (aus der Dose)
Salz / Pfeffer
20–25 Cracker
1/2 Bund Petersilie

Zubereitungszeit: ca. 10 Min.
Bei 25 Stück pro Stück: ca. 80 kcal

1 Den Frischkäse mit der Milch in einer Schüssel verrühren. Den Tunfisch abtropfen lassen, mit einer Gabel zerpflücken und unterrühren. Die Masse mit Salz und Pfeffer würzen und mit dem Pürierstab fein pürieren.

2 Das Tunfisch-Käse-Püree auf die Cracker streichen. Die Petersilie waschen und trockenschütteln, die Blättchen abzupfen und die Cracker damit garnieren.

Tauschbörse

Der Aufstrich kann zusätzlich mit **Schnittlauch** verfeinert und statt mit Milch mit **Zitronen- oder Limettensaft** abgeschmeckt werden. Die Frischkäsecreme lässt sich nach Lust und Laune kombinieren. Statt Tunfisch können Sie auch wahlweise 50 g **Sardellen,** 100 g **gekochten Schinken,** 100 g **getrocknete Tomaten** mit etwas **getrocknetem Basilikum,** 100 g **Roquefort** oder 100 g entsteinte **schwarze Oliven** verwenden. Alternativzutaten einfach klein geschnitten (nicht püriert) unter die Käsecreme rühren.

Aromenmix Matjessalat mit Pfirsich und Erdbeeren

(im Bild vorne)

Für 4 Personen:

1 Kopfsalat | 1 Salatgurke | 4 Pfirsiche
8 mittelgroße Tomaten | 4 große Erdbeeren
1/2 Bund Radieschen
8 Matjesfilets (ca. 400 g)
100 g Salatmayonnaise | 100 g Joghurt
125 g Sahne | 3 EL Milch
1 EL mittelscharfer Senf | Salz
2 TL Zitronensaft | 1/2 Bund glatte Petersilie
1 hart gekochtes Ei

Zubereitungszeit: ca. 30 Min.
Pro Portion: ca. 675 kcal

1 Den Salat zerpflücken, putzen, waschen und trockenschleudern. Blätter in mundgerechte Stücke zupfen und in eine Salatschüssel geben. Gurke schälen, in dünne Scheiben hobeln und dazugeben.

2 Pfirsiche und Tomaten kreuzweise einritzen und mit kochend heißem Wasser kurz überbrühen, kalt abschrecken und enthäuten. Pfirsiche halbieren, entsteinen und in sehr feine Spalten schneiden. Tomaten vierteln, von Stielansätzen und Kernen befreien und in feine Spalten schneiden.

3 Erdbeeren und Radieschen waschen, von Stielansätzen befreien, in Scheibchen schneiden. Von den Matjesfilets evtl. vorhandene Gräten entfernen. Filets quer in Streifen schneiden. Alles in der Schüssel vermengen.

4 Mayonnaise, Joghurt, Sahne und Milch verrühren. Mit Senf, Salz und Zitronensaft würzen. Sauce über den Salat gießen und untermengen. Petersilie waschen und trockenschütteln, die Blättchen hacken. Das Ei pellen und würfeln. Salat mit Petersilie und Ei garniert servieren.

schmeckt nach Sommer Tunfischsalat mit Paprika

(im Bild hinten)

Für 4 Personen:

4 Eier- oder Strauchtomaten
1 gelbe Paprikaschote
2 Dosen naturell eingelegter Tunfisch (à 150 g Abtropfgewicht)
250 ml Kräutersalatsauce (Fertigprodukt; s. Tipp)
Salz | Pfeffer | 4 hart gekochte Eier
1 TL Kapern (aus dem Glas)

Zubereitungszeit: ca. 20 Min.
Pro Portion: ca. 515 kcal

1 Tomaten waschen, in Scheiben schneiden, die Stielansätze entfernen. Paprika waschen, längs vierteln und ohne Stielansatz, Kerne und innere Trennwände quer in feine Streifen schneiden.

2 Tunfisch abtropfen lassen und in einer Salatschüssel zerpflücken. Paprika, Tomaten und Kräutersauce untermischen. Salzen und pfeffern. Die Eier pellen und vierteln. Den Tunfischsalat mit Kapern und Eivierteln garnieren.

Luxuskick

Besonders edel wird der Tunfischsalat mit ***selbst gemachter Kräutersauce:*** *Je 40 g Cornichons, Senfgurke und Silberzwiebel (jeweils aus dem Glas) fein hacken. Je 1/2 Bund Dill, Schnittlauch und Petersilie waschen, trockenschütteln, ebenfalls fein hacken. Alles mit 150 g Salatmayonnaise, 150 g saurer Sahne und 2 EL Milch verrühren. Mit je 1 Prise Zucker, Salz, Kurkuma, edelsüßem Paprikapulver, je 1 Spritzer Tabasco, Worcestershire Sauce und Zitronensaft sowie je 1 TL Pernod und Weinbrand würzen. Übrige Sauce in ein Schraubglas füllen, gut verschließen und im Kühlschrank aufbewahren (Haltbarkeit 2–3 Tage).*

mit Chilifeuer Kichererbsen-Dip

(im Bild hinten)

Für 4 Personen:
3 Tomaten
1 Dose gegarte Kichererbsen (240 g Abtropfgewicht)
4 Knoblauchzehen / 1 Zwiebel / 2 EL Olivenöl
100 ml Hühnerbrühe (Instant)
3 EL trockener Weißwein
1 Döschen gemahlener Safran (2 g)
Salz / Pfeffer / 1/2 TL Cayennepfeffer
1 rote Chilischote

Zubereitungszeit: ca. 30 Min.
Pro Portion: ca. 160 kcal

1 Tomaten kreuzweise einritzen und mit kochend heißem Wasser kurz überbrühen, dann mit kaltem Wasser abschrecken und enthäuten. Tomaten vierteln, dabei Stielansätze und Kerne entfernen. Das Fruchtfleisch klein hacken.

2 Die Kichererbsen in ein Sieb abgießen, kalt abspülen und abtropfen lassen. Den Knoblauch und die Zwiebel schälen und hacken. Das Olivenöl in einer Pfanne erhitzen, Knoblauch und Zwiebel darin kurz andünsten.

3 Tomaten, Kichererbsen, Hühnerbrühe, Weißwein und Safran dazugeben. Alles einmal kurz aufkochen lassen und bei mittlerer Hitze ca. 10 Min. garen. Dann in einer Schüssel mit dem Pürierstab fein pürieren. Mit Salz, Pfeffer und Cayennepfeffer pikant abschmecken.

4 Die Chilischote waschen, halbieren, entkernen und in feine Halbringe schneiden. Den Dip damit bestreuen.

Tauschbörse

Mit 3/4 l Hühnerbrühe statt 100 ml wird aus dem Kichererbsen-Dip im Handumdrehen eine leckere **Suppe.**

kleine Pikanterie Pistazien-Roquefort-Dip

(im Bild vorne)

Für 4 Personen:
80 g Roquefort
500 g Sahnequark
50 g saure Sahne
50 g Sahne / 3 Tomaten
100 g gehackte Pistazienkerne
1 Bund Schnittlauch
Salz / Pfeffer

Zubereitungszeit: ca. 15 Min.
Pro Portion: ca. 485 kcal

1 Roquefort, Quark, saure Sahne und Sahne in eine Schüssel geben. Käse mit der Gabel zerdrücken und alles nach und nach zu einer cremigen Masse rühren.

2 Die Tomaten kreuzweise einritzen und mit kochend heißem Wasser kurz überbrühen, dann mit kaltem Wasser abschrecken und enthäuten. Tomaten vierteln, dabei Stielansätze und Kerne entfernen. Das Fruchtfleisch klein hacken und mit den Pistazien unter die Käsemischung rühren.

3 Den Schnittlauch waschen, trockenschütteln, in feine Röllchen schneiden und ebenfalls unter die Käsemischung rühren. Mit (wenig) Salz und Pfeffer würzen. Den Dip bis zum Servieren zugedeckt kalt stellen.

Clever kombinieren

Bereiten Sie zu den Dips **Rohkost** vor, z. B. Chicoréeblätter, Möhrenstifte, Radieschen und Staudensellerie. Auch mit **Baguette, Ciabatta oder Grissini** lässt es sich gut dippen. Als **Beilage** passt der Kichererbsen-Dip zu Fleisch- und Fischgerichten, wie z. B. frittiertem Tintenfisch. Der Pistazien-Roquefort-Dip schmeckt auch gut zu Pellkartoffeln.

Knusper-Veggie-Food **Gemüsespieße im Backteig**

(im Bild hinten)

Für 6 Personen:
4 Eier / 200 g Mehl / 1 EL Zucker / Salz
2 EL neutrales Pflanzenöl
200 ml trockener Weißwein / 1 kleiner Zucchino
1 kleine Aubergine / 1 Möhre / 1 kleiner Kohlrabi
250 g Brokkoli (ersatzweise Blumenkohl)
6 Champignons / Pfeffer
Außerdem:
neutrales Pflanzenöl zum Frittieren
12 Holzspieße

Zubereitungszeit: ca. 30 Min.
Ruhezeit: ca. 20 Min.
Pro Portion: ca. 345 kcal

1 Die Eier trennen. Eigelbe mit Mehl, Zucker, 1 Msp. Salz, Öl und Wein mit den Rührbesen des Handrührgeräts zu einem glatten Teig verrühren. Ca. 20 Min. zugedeckt kalt stellen.

2 Reichlich Wasser in einem großen Topf zum Kochen bringen. Zucchino und Aubergine waschen und putzen. Möhre und Kohlrabi schälen und putzen. Alles in ca. 2 cm große Würfel schneiden. Brokkoli waschen und in kleine Röschen teilen. Pilze putzen, trocken abreiben und halbieren oder vierteln. Das Gemüse in dem sprudelnd kochenden Wasser ca. 10 Sek. blanchieren (Blumenkohl ca. 1 Min.), abgießen, kalt abschrecken, abtropfen lassen. In eine Schüssel geben, salzen und pfeffern. Das Gemüse im Wechsel auf die Holzspieße stecken.

3 Die Eiweiße steif schlagen und unter den Teig heben. Reichlich Öl in einem großen Topf oder in der Fritteuse erhitzen. Es ist heiß genug, wenn an einem hineingehaltenen Holzlöffelstiel kleine Bläschen aufsteigen. Die Gemüsespieße erst im Backteig wenden, dann im heißen Öl goldgelb frittieren. Auf Küchenpapier abtropfen lassen.

Dip-Tipp

Zu den Gemüsespießen können Sie den **Käse-Dip** von Seite 39 reichen: Einfach die gehackten Pistazienkerne weglassen und wie beschrieben zubereiten.

Pute goes Asia **Saté-Spieße mit Erdnuss-Sauce**

(im Bild vorne)

Für 4 Personen:
600 g Putenbrustfilet / 4 EL Zucker
2 TL Dajong-Chinagewürz (Asienladen)
10 EL Sojasauce / 2 EL Erdnussbutter
200 g ungeröstete ungesalzene Erdnusskerne
100 ml ungesüßte Kokosmilch (aus der Dose)
2 TL Chilipaste
1/2 TL gemahlener Koriander
4 EL neutrales Pflanzenöl
Außerdem:
8 lange Holzspieße

Zubereitungszeit: ca. 20 Min.
Marinierzeit: ca. 20 Min.
Pro Portion: ca. 630 kcal

1 Das Putenfleisch kalt abspülen, trockentupfen, in lange Streifen schneiden und wellenförmig auf die Spieße stecken. Zucker, Dajong-Gewürz und Sojasauce in einem tiefen Teller verrühren, die Spieße darin ca. 20 Min. marinieren.

2 Die Erdnussbutter in einem kleinen Topf erhitzen, die Erdnüsse darin anbraten. Kokosmilch und 200 ml Wasser dazugießen und alles einmal aufkochen lassen. Mit Chilipaste und Koriander würzen. Mit dem Pürierstab pürieren.

3 Die Spieße aus der Marinade nehmen, abtropfen lassen und abtupfen. Das Öl in einer Pfanne erhitzen, die Spieße darin bei starker Hitze in 3–5 Min. von allen Seiten goldbraun braten. Mit der Erdnuss-Sauce servieren.

der Klassiker mal anders **Tomatensuppe mit Tofucreme**

Für 4 Personen:
100 g Räuchertofu
150 g Sahne
1 große Dose geschälte Tomaten (800 g Füllmenge)
200 ml Gemüsebrühe (Instant)
1 TL getrocknete Kräuter der Provence
1 Prise Zucker
Salz
Pfeffer
1 TL Gin

Zubereitungszeit: ca. 25 Min.
Pro Portion: ca. 205 kcal

1 Für die Tofucreme den Räuchertofu in Würfel schneiden und mit 50 ml Sahne mit dem Pürierstab zu einer glatten Creme pürieren. Beiseite stellen.

2 Die Tomaten in einen Topf geben und zerpflücken. Die Brühe dazugießen, alles einmal aufkochen lassen, dann durch ein Sieb streichen.

3 Mit Kräutern der Provence, Zucker, Salz und Pfeffer würzen. Den Gin unterrühren. Die restliche Sahne halbsteif schlagen und ebenfalls unterrühren.

4 Die Tomatensuppe in vier Suppentassen oder -teller füllen, jeweils 1–2 EL Tofucreme auf die Suppe geben, leicht verrühren und servieren.

Tauschbörse

Statt mit Tofucreme können Sie die Tomatensuppe auch jeweils mit 1 EL **Basilikum-Pesto** (s. S. 47) verfeinern, das Sie am Schluss als Geschmacks- und Farbtupfer auf die Suppe geben und nur leicht verrühren.

Deftiges gästefein

Linsensuppe mit Balsamico

Für 4 Personen:

1 Dose gegarte Linsen (800 g Füllmenge)
1 l Gemüsebrühe (Instant)
1 Dose geschälte Tomaten (400 g Füllmenge)
2 Möhren
1 Stange Staudensellerie
Pfeffer
Salz
1 TL getrocknete Kräuter der Provence
100 g Conchiglie (Muschelnudeln)
2 EL Aceto balsamico
100 g Crème fraîche

Zubereitungszeit: ca. 20 Min.
Pro Portion: ca. 480 kcal

1 Die Linsen mit Saft und die Gemüsebrühe in einen großen Topf geben und erhitzen. Die Tomaten mit Saft dazugeben und mit einer Gabel zerpflücken.

2 Die Möhren schälen, putzen und in feine Scheiben schneiden. Den Staudensellerie halbieren, waschen, putzen und in Halbringe schneiden. Möhren und Sellerie unter die Linsen rühren. Mit Salz, Pfeffer und Kräutern der Provence würzen.

3 Die Nudeln dazugeben und alles bei mittlerer Hitze ca. 10 Min. kochen lassen, bis die Nudeln und das Gemüse bissfest sind.

4 Die Linsensuppe mit Aceto balsamico würzen, in vier Suppentassen oder -teller füllen und mit je einem Klecks Crème fraîche servieren.

Clever kombinieren

Schmeckt auch gut mit klein geschnittenen **Wiener oder Putenwürstchen.**

Italo-Klassiker **Minestrone**

(im Bild hinten)

Für 4 Personen:
1 kleine Zwiebel
100 g durchwachsener Räucherspeck
1 Stange Staudensellerie | 1 kleine Stange Lauch
2 große Möhren | 3 Frühlingszwiebeln
100 g gegarte weiße Bohnen (aus der Dose)
3 EL Olivenöl | 1 EL Tomatenmark
1 1/2 l heiße Rinderbrühe (Instant)
100 g Makkaroni | Salz | Pfeffer | 2 Tomaten
1/2 Bund Basilikum (ersatzweise 1 TL getrocknete Italienische Kräuter)

Zubereitungszeit: ca. 30 Min.
Pro Portion: ca. 445 kcal

1 Zwiebel schälen und hacken. Speck würfeln. Sellerie halbieren, waschen, putzen, in Halbringe schneiden. Lauch putzen, längs aufschlitzen, waschen und mit dem zarten Grün in Ringe schneiden. Möhre putzen, schälen und in dünne Scheiben schneiden. Frühlingszwiebeln putzen, waschen und in Röllchen schneiden. Bohnen in ein Sieb abgießen, kalt abspülen, abtropfen lassen.

2 1 EL Öl in einem großen Topf erhitzen, Zwiebel und Speck darin bei starker Hitze unter Rühren ca. 3 Min. anbraten. Tomatenmark unterrühren. Heiße Brühe angießen. Bohnen und geschnittenes Gemüse unterrühren. Alles bei mittlerer Hitze ca. 5 Min. garen. Makkaroni in ca. 5 cm lange Stücke brechen und dazugeben. Weitere 8–10 Min. köcheln lassen, bis die Nudeln und das Gemüse bissfest sind. Salzen und pfeffern.

3 Tomaten einritzen, überbrühen, kalt abschrecken, enthäuten und vierteln. Das Fruchtfleisch ohne Stielansätze und Kerne würfeln. Basilikum waschen und trockenschütteln, Blättchen in Streifen schneiden und mit den Tomaten über die Suppe streuen. Das restliche Öl dazugeben und alles weitere ca. 2 Min. ziehen lassen.

Luxuskick

*Verfeinern Sie die Minestrone mit 2 EL **Pesto** (aus dem Glas oder nach Rezept S. 47) oder einem Schuss weißem **Aceto balsamico.** Vor dem Servieren nach Belieben mit frisch geriebenem **Parmesan** bestreuen.*

herzerwärmend **Chinesischer Hühnertopf**

(im Bild vorne)

Für 4 Personen:
10 g getrocknete Mu-Err-Pilze (Asienladen)
20 g Glasnudeln | 1 l Rinderbrühe (Instant)
100 g Sojabohnensprossen (aus dem Glas)
800 g Hähnchenbrustfilet
250 g TK-Suppengemüse
1–2 TL Dajong-Chinagewürz (Asienladen)
1 1/2 TL gemahlener Kreuzkümmel
2 EL Sojasauce | Salz

Zubereitungszeit: ca. 30 Min.
Pro Portion: ca. 315 kcal

1 Die Mu-Err-Pilze in kaltem Wasser ca. 10 Min. einweichen. Die Glasnudeln in kaltem Wasser ca. 5 Min. einweichen, herausnehmen und mit der Küchenschere klein schneiden.

2 Die Brühe in einem großen Topf zum Kochen bringen. Pilze und Sojabohnensprossen abgießen und abtropfen lassen. Pilze klein schneiden. Das Fleisch kalt abspülen, trockentupfen und in ca. 2 cm lange Streifen schneiden.

3 Pilze, Glasnudeln, Sprossen, Fleisch und das Suppengemüse in die kochende Brühe rühren. Mit Dajong-Gewürz, Kreuzkümmel, Sojasauce und Salz würzen. Alles bei mittlerer Hitze ca. 2 Min. kochen lassen, dann bei schwacher Hitze 5–10 Min. leise weiterkochen lassen.

Feines Intermezzo – Zwischengerichte

Passt perfekt dazwischen: Pasta & Co.

In Italien kommt kein Menü aus ohne Pasta. Tagliatelle, Tortellini oder Ravioli schmecken selbst gemacht zwar am besten. Wer sich diese Mühe aber nicht machen will, nimmt frische Nudeln aus dem Kühlregal oder getrocknete aus dem Vorrat. Für alle Sorten gilt: Sie sollten nicht zu weich, sondern »al dente«, mit Biss, gekocht werden. Die Pastagerichte in diesem Kapitel können Sie je nach Appetit und Menüplan (s. S. 122/123) als Zwischengang oder Hauptspeise servieren.

Nudelteig für selbst gemachte Pasta ist schnell geknetet und lohnt sich, denn frische Pasta ist etwas ganz Besonderes: Für 4 Personen 300 g Mehl, 3 Eier, 1 EL Olivenöl, 1/2 TL Salz und evtl. etwas Wasser zu einem glatten, geschmeidigen Teig verkneten (alle Zutaten sollten zimmerwarm sein!). Den Teig zu einer Kugel geformt und in Frischhaltefolie gewickelt ca. 1 Std. ruhen lassen. Dann auf wenig Mehl dünn ausrollen und in ca. 1 cm breite Streifen schneiden – und schon hat man Bandnudeln, Tagliatelle, die nur ganz kurz (ca. 3 Min.) in reichlich kochendem Salzwasser gegart werden.

Nudeln kochen: eins, zwei, drei

1. Wichtig ist zunächst ein ausreichend großer Topf, in dem man reichlich Wasser zum Kochen bringt (für 400 g Nudeln ca. 5 l Wasser). Wenn das Wasser sprudelnd kocht, kommt das Salz dazu (1 TL pro Liter) und die Pasta in den Topf. Bei langen Nudeln muss man nach 1–2 Min., wenn sie geschmeidig geworden sind, etwas nachhelfen.
2. Die Nudeln offen garen, und zwar so lange, wie auf der Packung angegeben ist – aber unbedingt vor Ende der Kochzeit probieren, ob die Nudeln schon gar sind, denn sie sollen ja »al dente« sein. Achtung: Selbst gemachte Pasta und frische Nudeln aus dem Kühlregal haben eine wesentlich kürzere Garzeit.
3. Nun die Nudeln in ein Sieb abgießen, abtropfen lassen und mit einer leckeren Sauce (siehe rechts) sofort servieren oder mit der Sauce vermengt (damit sie nicht zusammenkleben) warm halten.

Würzige Käsesauce passt gut zu Bandnudeln: Für 4 Personen 200 g klein geschnittenen Gorgonzola mit 1 EL Butter in einem Topf schmelzen, 250 g Sahne dazugießen, mit wenig Salz und Pfeffer würzen. 1 Hand voll Salbeiblätter in Streifen untermischen, die Sauce etwas eindicken lassen.

Pesto-Sauce ist ideal zu Spaghetti: Für 4 Personen ca. 200 g Basilikum und 4 geschälte Knoblauchzehen klein schneiden und mit 2 EL Pinienkerne, 100 g Parmesan, 200 ml Olivenöl, Salz und Pfeffer im Mixer pürieren. Die Sauce kann kalt über die gegarten Nudeln gegeben werden und schmeckt auch mit Bärlauch oder Rucola zubereitet. In einem Schraubglas mit einer Schicht Öl bedeckt hält sie sich im Kühlschrank 3–4 Wochen.

Tomaten-Chili-Sauce schmeckt toll zu Penne: Für 4 Personen 500 g Fleischtomaten einritzen, überbrühen, enthäuten und ohne Stielansätze und Kerne würfeln. Mit 1/2 entkernten gewürfelten Chilischote mischen. 100 g gewürfelten durchwachsenen Räucherspeck in 2 EL Olivenöl anbraten, je 1 gehackte Zwiebel und 1 Knoblauchzehe mitdünsten, Tomaten dazugeben, bei schwacher Hitze ca. 10 Min. garen. Salzen und pfeffern.

Krabben-Sahne-Sauce passt prima zu Tortellini oder Ravioli: Für 4 Personen 50 ml Gemüsefond (aus dem Glas) auf die Hälfte einkochen lassen, 250 g Sahne dazugeben und sämig einkochen lassen. Gegarte Krabben (in Lake, abgetropft) unterrühren. 50 g Parmesan hineinreiben, salzen und pfeffern. Mit frisch gehacktem Dill bestreuen.

kräuterwürzig Ravioli mit Kräuter-Käse-Sauce

Für 4 Personen:
2 EL Pinienkerne
1 Hand voll Rucola
(ersatzweise 1/2 Bund glatte Petersilie)
200 g Ziegenfrischkäse
(ersatzweise Doppelrahm-Frischkäse)
100 g Ricotta
(ersatzweise Doppelrahm-Frischkäse)
2 EL frisch geriebener Parmesan
100 g Sahne
Salz / Pfeffer
500 g Ravioli mit Käsefüllung
(aus dem Kühlregal)
1 Ei

Zubereitungszeit: ca. 20 Min.
Pro Portion: ca. 565 kcal

1 Für die Ravioli reichlich Wasser zum Kochen bringen. Die Pinienkerne in einer beschichteten Pfanne ohne Fett unter Rühren goldbraun rösten. Die Rucola waschen und trockenschütteln, von groben Stielen befreien und klein schneiden. Beiseite stellen.

2 Für die Sauce Ziegenkäse, Ricotta, Parmesan und Sahne mit 200 ml Wasser cremig rühren. Mit Salz und Pfeffer würzen.

3 Die Ravioli in dem gesalzenen kochenden Wasser nach Packungsanweisung garen.

4 Die Käsemischung in einen Topf geben und unter Rühren erhitzen. Vom Herd nehmen, das Ei unterrühren und nochmals erhitzen, dabei ständig rühren (am besten mit dem Schneebesen), aber nicht mehr kochen lassen.

5 Die Ravioli in ein Sieb abgießen, abtropfen lassen und auf vier Teller verteilen. Die Sauce darüber gießen. Mit Pinienkernen und Rucola bestreut servieren.

Luxuskick

Ravioli selbst gemacht: *Für 4 Personen 300 g Mehl, 3 EL Grieß, 2 Eier, 2 Eigelbe, etwas Salz, 100 g weiche Butter, 2 EL frisch geriebenen Parmesan und ca. 6 EL Wasser (nach und nach dazugeben) auf wenig Mehl zu einem glatten Teig verkneten. Den Teig zu einer Kugel formen und in einer Schüssel mit einem feuchten Tuch bedeckt ca. 30 Min. ruhen lassen. Den Teig auf bemehltem Backpapier dünn ausrollen oder mit der Nudelmaschine auswalzen.*
Für die ***Füllung*** *einfach die Saucenzutaten (s. Step 2) bis auf die Sahne und das Wasser gut vermengen. 1 Hand voll klein geschnittene Rucola untermischen. Mit einem Teelöffel kleine Nocken abstechen und diese im Abstand von 4–5 cm auf die Hälfte des Teigs verteilen. Den Teig rund um die Füllungen mit etwas Wasser bepinseln, die zweite Teighälfte darüber klappen und den Teig um die Füllungen festdrücken. Mit einem Teigrädchen oder Messer Rechtecke ausschneiden. Die Ravioli ca. 30 Min. ruhen lassen, dann in kochendem Salzwasser in 3–4 Min. bissfest garen. Mit einem Schaumlöffel herausheben, abtropfen lassen und mit zerlassener Butter und frisch geriebenem Parmesan servieren.*

Gemüse in Höchstform

Penne mit Blumenkohl

(im Bild vorne)

Für 4 Personen:
Salz / 1 kleiner Blumenkohl (600 g)
400 g Penne / 50 g Rosinen
5 EL trockener Weißwein / 1 mittelgroße Zwiebel
50 g Sardellenfilets (aus dem Glas)
2 EL Olivenöl / 3 EL Tomatenmark
2 EL Pinienkerne / Pfeffer
4 EL frisch gehacktes Basilikum
4–6 EL frisch geriebener Pecorino (ersatzweise Parmesan)

Zubereitungszeit: ca. 30 Min.
Pro Portion: ca. 805 kcal

1 In zwei Töpfen jeweils reichlich Wasser zum Kochen bringen, salzen. Den Blumenkohl waschen, putzen und in Röschen teilen. Diese in dem kochenden Salzwasser in 5–10 Min. nicht zu weich kochen. Abgießen und abtropfen lassen. Gleichzeitig die Penne in dem anderen Topf nach Packungsanweisung bissfest garen. Abgießen, abtropfen lassen, wieder in den Topf schütten, zugedeckt warm halten.

2 Inzwischen die Rosinen mit dem Weißwein und 5 EL Wasser ca. 5 Min. einweichen. Dann in ein Sieb abgießen, dabei die Flüssigkeit auffangen.

3 Die Zwiebel schälen und fein hacken. Sardellenfilets kalt abspülen, trockentupfen und klein schneiden. Olivenöl in einer Pfanne erhitzen, die Zwiebel darin kurz andünsten. Sardellenfilets und Tomatenmark dazugeben und alles leicht mit einer Gabel zerdrücken. Blumenkohl, Rosinen mit Einweichflüssigkeit und Pinienkerne unterrühren. Alles 1–2 Min. schmoren. Mit Pfeffer würzen.

4 Die Penne auf vier Teller verteilen. Die Sauce darüber geben. Mit Basilikum und Pecorino bestreut servieren.

mediterran inspiriert

Fettuccine mit Zuckerschoten

(im Bild hinten)

Für 4 Personen:
400 g Fettuccine
Salz
2 Zwiebeln
400 g Zuckerschoten
200 g Parmaschinken in hauchdünnen Scheiben
2 EL Butter
200 ml Rinderbrühe (Instant)
Pfeffer
1 Hand voll Minze- und Basilikumblättchen (oder nur Basilikum)
4–6 EL frisch geriebener Parmesan

Zubereitungszeit: ca. 20 Min.
Pro Portion: ca. 800 kcal

1 Die Fettuccine in ca. 5 l kochendem Salzwasser nach Packungsanweisung bissfest garen.

2 Inzwischen für die Sauce die Zwiebeln schälen und würfeln. Die Zuckerschoten waschen, abtropfen lassen und schräg halbieren. Den Parmaschinken klein schneiden.

3 Die Butter in einer Pfanne erhitzen, die Zwiebeln darin kurz andünsten. Die Zuckerschoten dazugeben und ca. 3 Min. mitdünsten. Die Brühe angießen, den Parmaschinken unterrühren. Alles bei schwacher Hitze 2–3 Min. ziehen lassen. Mit Salz und Pfeffer abschmecken.

4 Die Minze- und Basilikumblättchen waschen, trockentupfen und in Streifen schneiden. Die Fettuccine in ein Sieb abgießen, abtropfen lassen und auf vier Tellern anrichten. Die Sauce darüber verteilen. Mit Kräutern und Parmesan bestreut servieren.

Herbstgruß Orecchiette mit Linsen und Kürbis

(im Bild vorne)

Für 4 Personen:
1/2 Bund glatte Petersilie | 1 rote Zwiebel
1 Knoblauchzehe | 2 Fleischtomaten
300 g Kürbis | 2 EL Olivenöl
1 Dose braune Linsen (400 g Füllmenge)
150 ml Gemüsebrühe (Instant)
2 EL Aceto balsamico
Salz | Pfeffer
400 g Orecchiette (Öhrchennudeln)
4–6 EL frisch geriebener Parmesan

Zubereitungszeit: ca. 30 Min.
Pro Portion: ca. 690 kcal

1 Die Petersilie waschen und trockenschütteln, die Blättchen fein hacken und beiseite legen. Für die Sauce die Zwiebel und den Knoblauch schälen und fein hacken. Die Tomaten waschen und in ca. 2 cm große Würfel schneiden, dabei die Stielansätze entfernen. Den Kürbis schälen, Kerne und faserige Teile entfernen, das Fruchtfleisch ebenfalls in ca. 2 cm große Würfel schneiden.

2 Das Öl in einem Topf erhitzen, Zwiebel, Knoblauch, Tomaten und Kürbis darin bei mittlerer Hitze ca. 5 Min. dünsten. Die Linsen mit Flüssigkeit und die Gemüsebrühe hinzufügen. Alles einmal kurz aufkochen lassen und zugedeckt bei schwacher Hitze weitere 10 Min. garen. Mit Aceto balsamico, Salz und Pfeffer würzen.

3 Inzwischen die Orecchiette in ca. 5 l kochendem Salzwasser nach Packungsanweisung bissfest garen.

4 Die Nudeln in ein Sieb abgießen, abtropfen lassen und auf vier Teller verteilen. Die Sauce darüber geben. Mit Petersilie und Parmesan bestreut servieren.

ganz einfach Tagliatelle mit Schinken-Spinat-Sauce

(im Bild hinten)

Für 4 Personen:
300 g Tagliatelle
2 Schalotten
300 g frischer Blattspinat
(ersatzweise aufgetauter TK-Blattspinat)
200 g gekochter Schinken in Scheiben
Salz | 1 EL Butter
250 g Sahne | Pfeffer
1 Prise frisch geriebene Muskatnuss
2 EL Mandelblättchen

Zubereitungszeit: ca. 25 Min.
Pro Portion: ca. 590 kcal

1 Für die Tagliatelle ca. 4 l Wasser zum Kochen bringen.

2 Inzwischen für die Sauce die Schalotten schälen und fein hacken. Den frischen Spinat waschen, verlesen und klein schneiden, dabei die groben Stiele entfernen. Den Schinken in ca. 2 cm lange Streifen schneiden.

3 Die Tagliatelle in dem gesalzenen kochenden Wasser nach Packungsanweisung bissfest garen.

4 Die Butter in einer großen beschichteten Pfanne erhitzen, die Schalotten darin kurz andünsten. Den Schinken und den Spinat dazugeben, die Sahne dazugießen. Alles bei mittlerer Hitze ca. 3 Min. dünsten. Mit Salz, Pfeffer und Muskat würzen.

5 Die Mandelblättchen in einer kleinen beschichteten Pfanne ohne Fett unter Rühren goldgelb rösten. Die Nudeln in ein Sieb abgießen, abtropfen lassen und auf vier Teller verteilen.
Die Sauce darüber geben. Mit Mandeln bestreut servieren.

macht Lust auf mehr Spaghetti mit Tomaten und Olivenpaste

Für 4 Personen:
4–6 Tomaten | 400 g Spaghetti
Salz | 2 EL Butter
2 Zweige frischer Thymian
(ersatzweise 1/2 TL getrockneter Thymian)
2 EL Semmelbrösel
3 EL schwarze Olivenpaste
(aus dem Glas; Feinkostgeschäft)
Pfeffer | 1/2 Bund Basilikum
4–6 EL frisch geriebener Parmesan

Zubereitungszeit: ca. 30 Min.
Pro Portion: ca. 620 kcal

1 Die Tomaten kreuzweise einritzen, mit kochend heißem Wasser kurz überbrühen, dann kalt abschrecken und enthäuten. Tomaten vierteln, dabei Stielansätze und Kerne entfernen. Das Fruchtfleisch würfeln.

2 Die Spaghetti in ca. 5 l kochendem Salzwasser nach Packungsanweisung bissfest garen.

3 Inzwischen für die Sauce die Butter in einer Pfanne erhitzen. Den Thymian waschen, trockenschütteln, die Blättchen von den Zweigen streifen und mit den Tomaten in die Pfanne geben. Bei schwacher Hitze ca. 5 Min. leise kochen lassen. Die Semmelbrösel und die Olivenpaste untermischen und alles unter Rühren weitere 5 Min. schmoren. Leicht mit Salz und Pfeffer würzen.

4 Das Basilikum waschen und trockenschütteln, die Blättchen in Streifen schneiden. Die Spaghetti in ein Sieb abgießen, abtropfen lassen und auf vier Teller verteilen. Die Sauce darüber geben. Mit Basilikum und Parmesan bestreut servieren.

scharfes Intermezzo **Spaghetti mit getrockneten Tomaten**

Für 4 Personen:
400 g Spaghetti / Salz
3–4 Knoblauchzehen
8 getrocknete Tomaten, in Öl eingelegt
1–2 TL Korianderkörner
2 getrocknete Chilischoten
6 EL Olivenöl / 1/2 Bund Petersilie / Pfeffer

Zubereitungszeit: ca. 20 Min.
Pro Portion: ca. 550 kcal

1 Die Spaghetti in 5 l kochendem Salzwasser nach Packungsanweisung bissfest garen.

2 Inzwischen den Knoblauch schälen und in feine Scheibchen schneiden. Die Tomaten in kleine Stücke schneiden. Die Korianderkörner und die Chilischoten im Mörser grob zerstoßen. Das Öl in einer Pfanne erhitzen, Knoblauch, Tomaten, Koriander und Chilischoten darin ca. 3 Min. andünsten.

3 Die Petersilie waschen und trockenschütteln, die Blättchen abzupfen und fein hacken. Die Spaghetti in ein Sieb abgießen, nur kurz abtropfen lassen, in die Pfanne geben und alles vermengen. Mit Salz und Pfeffer abschmecken, mit Petersilie bestreut servieren.

Blitzvariante
Keine Lust auf Scharfes? Dann probieren Sie doch **Spaghetti aglio, olio e olive:** Für 4 Personen 400 g Spaghetti in 5 l kochendem Salzwasser nach Packungsanweisung bissfest garen. 3 Knoblauchzehen schälen, fein hacken und in 150 ml Olivenöl langsam erwärmen. 4 EL vom Spaghetti-Kochwasser auffangen, zum Knoblauchöl dazugeben und alles bei schwacher Hitze 2–3 Min. ziehen lassen. 50 g entsteinte schwarze Oliven in feine Streifen schneiden und dazugeben. Die Sauce mit Salz und Pfeffer abschmecken und mit den abgetropften Spaghetti vermengen.

außergewöhnlich edel Tagliatelle mit Morcheln

(im Bild vorne)

Für 4 Personen:
50 g getrocknete Spitzmorcheln (ersatzweise getrocknete Steinpilze)
400 g Tagliatelle
Salz
200 g Egerlinge (ersatzweise Champignons)
4 kleine Schalotten
3 EL Butter
2 EL Zitronensaft
4 EL Marsala (ersatzweise Portwein)
400 g Sahne
Pfeffer
1 Bund glatte Petersilie

Zubereitungszeit: ca. 25 Min.
Einweichzeit: ca. 1 Std.
Pro Portion: ca. 785 kcal

1 Die Morcheln in eine Schüssel mit kaltem Wasser legen, ca. 1 Std. einweichen, dann in ein Sieb abgießen und klein schneiden.

2 Die Tagliatelle in ca. 5 l kochendem Salzwasser nach Packungsanweisung bissfest garen.

3 Inzwischen die Egerlinge putzen, mit Küchenpapier trocken abreiben und vierteln. Die Schalotten schälen und klein schneiden. Die Butter in einer Pfanne erhitzen, die Schalotten darin kurz andünsten. Morcheln und Egerlinge dazugeben, den Zitronensaft und den Marsala unterrühren. Die Sahne dazugießen. Alles einmal aufkochen und bei schwacher Hitze 1–2 Min. leise kochen lassen. Mit Salz und Pfeffer würzen.

4 Die Petersilie waschen und trockenschütteln, die Blättchen fein hacken. Die Tagliatelle in ein Sieb abgießen, abtropfen lassen und auf vier Teller verteilen. Die Sauce darüber gießen. Mit Petersilie bestreut servieren.

aromatisch Tortelloni mit Champignon-Curry-Sauce

(im Bild hinten)

Für 4 Personen:
2 Frühlingszwiebeln
2 Knoblauchzehen
250 g Champignons
500 g Tortelloni mit Käsefüllung (aus dem Kühlregal)
Salz / 2 EL Olivenöl
1 EL Currypulver
1/8 l trockener Weißwein
250 g Sahne
Pfeffer
2 EL Zitronensaft
1/2 Kästchen Gartenkresse

Zubereitungszeit: ca. 25 Min.
Pro Portion: ca. 565 kcal

1 Die Frühlingszwiebeln putzen, waschen und mit dem zarten Grün in Röllchen schneiden. Den Knoblauch schälen und hacken. Die Champignons putzen, mit Küchenpapier trocken abreiben und grob hacken.

2 Die Tortelloni in reichlich kochendem Salzwasser nach Packungsanweisung garen.

3 Das Olivenöl in einer Pfanne erhitzen, die Frühlingszwiebeln und den Knoblauch mit dem Currypulver darin kurz andünsten. Die Pilze dazugeben und bei mittlerer Hitze 1–2 Min. unter Rühren mitdünsten. Den Weißwein dazugießen und alles einmal kurz aufkochen lassen. Die Sahne dazugießen und alles weitere 2–3 Min. leise kochen lassen. Mit Salz und Pfeffer würzen.

4 Die Sauce mit Zitronensaft abschmecken. Die Tortelloni in ein Sieb abgießen, abtropfen lassen, mit der Sauce mischen und auf vier Teller verteilen. Die Kresse kalt abbrausen und mit der Küchenschere über die Tortelloni schneiden.

schneller Appetizer Tagliatelle mit Radicchio

(im Bild hinten)

Für 4 Personen:
2 Köpfe Radicchio (möglichst länglicher Trevisano; à ca. 175 g)
75 g Walnusskerne
400 g Tagliatelle / Salz
1 kleine Zwiebel
2 Knoblauchzehen
5 EL Butter / 3 EL Olivenöl / Pfeffer
75 g Parmesan, frisch gerieben

Zubereitungszeit: ca. 30 Min.
Pro Portion: ca. 730 kcal

1 Für die Tagliatelle 5 l Wasser zum Kochen bringen.

2 Inzwischen den Radicchio (s. Tipp S. 23) zerpflücken, putzen, waschen und trockenschleudern. Die Blätter in schmale Streifen schneiden. Die Walnusskerne grob hacken.

3 Die Tagliatelle in dem gesalzenen kochenden Wasser nach Packungsanweisung bissfest garen.

4 Die Zwiebel und den Knoblauch schälen und fein würfeln. 1–2 EL Butter und das Olivenöl in einem Topf erhitzen, Zwiebel und Knoblauch darin bei mittlerer Hitze glasig dünsten.

5 Die Salatstreifen und die Nüsse unter die Zwiebel-Knoblauch-Mischung rühren, alles zugedeckt bei schwacher Hitze ca. 5 Min. dünsten, mit Salz und Pfeffer würzen. Die Mischung in eine vorgewärmte Servierschüssel füllen.

6 Die Tagliatelle in ein Sieb abgießen und nur kurz abtropfen lassen, damit die Nudeln nicht zu trocken werden. Die Tagliatelle in der Schüssel mit dem Radicchio, der restlichen Butter und dem geriebenen Parmesan mischen. Sofort servieren.

einfach fein Schupfnudeln mit Pilzen

(im Bild vorne)

Für 4 Personen:
1/2 Bund glatte Petersilie
1 Zwiebel / 1 Knoblauchzehe
750 g Champignons / 3 EL Butterschmalz
1 EL Zitronensaft
4 EL trockener Weißwein
125 g Sahne / Salz / Pfeffer
750 g Schupfnudeln (aus dem Kühlregal)

Zubereitungszeit: ca. 20 Min.
Pro Portion: ca. 490 kcal

1 Die Petersilie waschen und trockenschütteln, die Blättchen fein hacken. Die Zwiebel und den Knoblauch schälen und ebenfalls fein hacken. Die Champignons putzen, trocken abreiben und in Scheiben schneiden.

2 1 EL Butterschmalz in einem Topf erhitzen, die Zwiebel und den Knoblauch darin glasig dünsten. Die Champignons dazugeben und mitdünsten. Den Zitronensaft, den Weißwein und die Sahne hinzufügen. Alles einmal aufkochen lassen und bei mittlerer Hitze 5–7 Min. garen. Mit Salz und Pfeffer würzen.

3 Inzwischen das restliche Butterschmalz in einer Pfanne erhitzen, die Schupfnudeln darin bei mittlerer Hitze unter Rühren goldbraun braten. Die Schupfnudeln auf vier Teller verteilen, die Sauce darüber geben. Mit Petersilie bestreut servieren.

für den Luxus-Brunch

Steinpilzomelett

(im Bild hinten)

Für 4 Personen:
500 g Steinpilze (ersatzweise 500 g Champignons oder Egerlinge und 10 g getrocknete eingeweichte Steinpilze)
1 Knoblauchzehe
1 Bund glatte Petersilie
2–3 EL Butter / Salz
schwarzer Pfeffer, grob gemahlen
12 Eier

Zubereitungszeit: ca. 30 Min.
Pro Portion: ca. 320 kcal

1 Die Steinpilze putzen, mit Küchenpapier trocken abreiben und in Scheibchen schneiden. Den Knoblauch schälen und fein hacken. Die Petersilie waschen und trockenschütteln, 4 Zweige zum Garnieren beiseite legen, den Rest ohne die groben Stiele klein schneiden.

2 1 EL Butter in einer Pfanne erhitzen, die Pilze hineingeben, Petersilie und Knoblauch unterrühren und alles bei mittlerer Hitze ca. 5 Min. dünsten. Mit Salz und Pfeffer würzen, vom Herd nehmen.

3 Die Eier in einer Schüssel verquirlen. Salzen und pfeffern. 1 EL Butter in einer zweiten, beschichteten Pfanne erhitzen. 1/4 der Eiermasse hineingeben, mit einem Kochlöffel mehrmals umrühren, dann die Eier bei mittlerer Hitze stocken lassen.

4 1/4 der Pilze längs in die Mitte des Omeletts geben. Ca. 1 Min. weiterbacken, dann das Omelett mit einem Pfannenwender in der Mitte zusammenklappen und auf einen Teller legen.

5 Mit der restlichen Eiermasse genauso verfahren (es sollen 4 Omeletts entstehen). Fertige Omeletts zugedeckt warm halten. Pfeffer über die Omeletts mahlen. Mit je 1 Petersilienzweig garniert servieren.

norddeutscher Klassiker

Krabben-Dill-Rührei

(im Bild vorne)

Für 4 Personen:
200 g Nordseekrabben in Salzlake
1 Bund Dill / 8 ganz frische Eier
6 EL Crème fraîche
Salz / Pfeffer
1 Msp. Cayennepfeffer
1 EL Butter

Zubereitungszeit: ca. 15 Min.
Pro Portion: ca. 300 kcal

1 Die Krabben in ein Sieb abgießen und abtropfen lassen. Den Dill waschen, trockenschütteln und ohne die groben Stiele fein schneiden.

2 Die Eier in einer Schüssel verquirlen. Die Crème fraîche dazugeben und alles gut vermischen. Mit Salz, Pfeffer und Cayennepfeffer würzen. Den Dill unterrühren.

3 Die Butter in einer beschichteten Pfanne erhitzen. Die Eiermischung hineingießen, die Krabben darauf verteilen. Die Eier bei mittlerer Hitze unter Rühren stocken lassen, bis die Eiermasse weich und großflockig ist, aber nicht trocken. Sofort servieren. Dazu schmeckt getoastetes Brot mit Butter.

Luxuskick

Noch feiner wird das Rührei mit klein geschnittenem ***Räucherlachs, Speck- und Zwiebelwürfeln*** *und/oder frischen* ***Kräutern*** *wie Petersilie, Schnittlauch oder Kerbel.*

Tapas-Klassiker **Tortilla mit Tomaten**

(im Bild hinten)

Für 4 Personen:
200 g Cocktailtomaten
1 Bund glatte Petersilie
8 Eier
Salz / Pfeffer
1 Prise frisch geriebene Muskatnuss
2 Schalotten
1 Knoblauchzehe
4 EL Olivenöl

Zubereitungszeit: ca. 30 Min.
Pro Portion: ca. 265 kcal

1 Die Tomaten kreuzweise einritzen, mit kochend heißem Wasser kurz überbrühen, dann kalt abschrecken, enthäuten und halbieren. Die Petersilie waschen und trockenschütteln, die Blättchen fein hacken. Die Eier in einer Schüssel verquirlen, mit Salz, Pfeffer und Muskat würzen, die Petersilie untermischen.

2 Die Schalotten schälen und in feine Ringe schneiden. Den Knoblauch schälen und fein hacken. Das Öl in einer großen beschichteten Pfanne erhitzen, Schalotten darin ca. 2 Min. dünsten. Knoblauch dazugeben und kurz mitdünsten.

3 Die Eier über die Schalotten und den Knoblauch in die Pfanne gießen. Die Tomaten gleichmäßig darauf verteilen. Die Eiermasse zugedeckt bei mittlerer Hitze in ca. 5 Min. stocken lassen. Dann die Tortilla auf einen Teller gleiten lassen, mit Hilfe eines zweiten Tellers wenden, zurück in die Pfanne gleiten lassen und in weiteren 5 Min. fertig backen.

4 Die Tortilla auf eine Servierplatte gleiten lassen. Wie einen Kuchen in Stücke schneiden und servieren. Dazu schmeckt ein frischer Blattsalat.

Tauschbörse

Tortillas sind schnell gemacht und lassen sich beliebig variieren, z. B. mit in Ringen geschnittenem **Lauch** (vorher kurz blanchieren), **Zucchiniwürfeln** und/oder klein geschnittenem gekochten **Schinken.**

griechisch würzig **Gebackener Schafkäse mit Oliven**

(im Bild vorne)

Für 4 Personen:
2 Packungen Schafkäse (Feta; à 200 g)
3 EL Olivenöl / 4 Tomaten / 2 Schalotten
16 entsteinte schwarze Oliven
4 eingelegte rote Peperoni
1/2 TL getrockneter Oregano / Salz / Pfeffer

Zubereitungszeit: ca. 15 Min.
Backzeit: ca. 15 Min.
Pro Portion: ca. 315 kcal

1 Die Schafkäsestücke quer halbieren. Jeweils ein Käsestück auf ein Stück Alufolie legen (die Alufolienstücke müssen so groß sein, dass die Käsestücke darin eingepackt werden können). 1–2 EL Olivenöl darüber träufeln. Den Ofen auf 200° vorheizen.

2 Die Tomaten waschen und in dünne Scheiben schneiden, dabei die Stielansätze entfernen. Die Tomatenscheiben auf den Käsestücken verteilen. Die Schalotten schälen, in dünne Ringe schneiden und auf den Tomaten verteilen. Die Oliven halbieren. Je 8 Olivenhälften und je 1 eingelegte Peperoni zum Käse geben. Mit Oregano, etwas Salz und Pfeffer würzen. Das restliche Olivenöl darüber träufeln.

3 Die Folien über den Käsestücken zusammenfalten, die Päckchen auf ein Backblech setzen und im heißen Backofen (Mitte, Umluft 180°) ca. 15 Min. backen.

1

2

3

würziges Innenleben **Zucchini mit Spinat-Käse-Füllung**

Für 4 Personen:
4 Zucchini (möglichst gerade gewachsene)
Salz / schwarzer Pfeffer, grob gemahlen
2 Schalotten / 1 Knoblauchzehe
300 g frischer Blattspinat
(ersatzweise aufgetauter TK-Blattspinat)
1 Fleischtomate
1/2 Bund Basilikum / 3 EL Olivenöl
50 g Parmesan, frisch gerieben
100 g Ricotta / 2 Eigelbe
3 EL Noilly Prat
(ersatzweise trockener weißer Wermut)
1 Prise frisch geriebene Muskatnuss
125 g Mozzarella
Außerdem:
neutrales Pflanzenöl für die Form

Zubereitungszeit: ca. 30 Min.
Backzeit: ca. 20 Min.
Pro Portion: ca. 325 kcal

1 Reichlich Wasser in einem breiten Topf zum Kochen bringen. Die Zucchini waschen, von Stielansätzen befreien, längs halbieren und das Innere (s. Tipp) mit einem Teelöffel herauskratzen **(Step 1)**. Die Zucchinihälften ca. 15 Sek. in dem sprudelnd kochenden Wasser blanchieren, herausheben **(Step 2)**, kalt abschrecken und auf Küchenpapier abtropfen lassen.

2 Eine feuerfeste Form mit Öl einfetten und die Zucchini mit der Öffnung nach oben nebeneinander hineinlegen. Mit Salz und Pfeffer würzen.

3 Die Schalotten und den Knoblauch schälen und hacken. Den frischen Spinat gründlich waschen und verlesen, dabei die groben Stiele entfernen.

4 Die Tomate kreuzweise einritzen und mit kochend heißem Wasser kurz überbrühen, dann kalt abschrecken und enthäuten. Tomate vierteln, dabei Stielansatz und Kerne entfernen. Das Fruchtfleisch klein würfeln. Das Basilikum waschen, trockenschütteln, die Blättchen von den Stielen zupfen und fein hacken. Den Backofen auf 200° vorheizen.

5 Das Olivenöl in einem großen breiten Topf erhitzen, die Schalotten und den Knoblauch darin kurz andünsten. Den Spinat dazugeben und unter Rühren zusammenfallen lassen. Tomate, Basilikum, Parmesan, Ricotta und Eigelbe untermischen. Mit Noilly Prat, Muskat, Salz und Pfeffer würzen.

6 Die Spinatmischung in die Zucchinihälften füllen **(Step 3)**. Den Mozzarella in Würfel schneiden und darüber verteilen. Die gefüllten Zucchini im heißen Backofen (Mitte, Umluft 180°) ca. 20 Min. überbacken, bis der Mozzarella geschmolzen ist. Etwas Pfeffer über das fertige Gericht mahlen und servieren.

Tauschbörse

Mit **Mangold** statt Spinat schmecken die Zucchini noch herzhafter. Die Mangoldstiele beim Putzen und Verlesen nicht wegwerfen, sondern klein schneiden und mit den Schalotten und dem Knoblauch anbraten.

Resteverwertung

Das Innere der **Zucchini** können Sie gewürfelt für eine feine **Pastasauce** verwenden: 1 kleine Aubergine und 1 gelbe Paprikaschote ebenfalls klein würfeln. 1 Zwiebel und 2 Knoblauchzehen schälen, hacken und in 3 EL Olivenöl andünsten. Das klein gewürfelte Gemüse und 400 g geschälte Tomaten (mit Saft, aus der Dose) mitdünsten. Salzen, pfeffern und zugedeckt bei mittlerer Hitze ca. 15 Min. schmoren. 125 g Mozzarella würfeln, darüber geben und bei geschlossenem Topf schmelzen. Mit Basilikumblättchen bestreut servieren.

Urlaubsfeeling **Riesengarnelen mit Basilikum**

Für 4 Personen:
600 g rohe geschälte Riesengarnelen
2 Knoblauchzehen | 2 Sardellenfilets
2 ganz frische Eigelbe | 200 ml Olivenöl
2 EL Zitronensaft
5 EL frisch geriebener Parmesan
Pfeffer | 1 EL Butter | 100 ml trockener Weißwein
1/2 Bund Basilikum | Salz

Zubereitungszeit: ca. 30 Min.
Pro Portion: ca. 705 kcal

1 Garnelen kalt abspülen und trockentupfen, evtl. den schwarzen Darm mit einem spitzen Messer entfernen. Den Knoblauch schälen. Sardellenfilets kalt abspülen, trockentupfen, fein hacken.

2 Die Eigelbe mit einem Schneebesen verquirlen. Das Öl erst tropfenweise, dann in einem dünnen Strahl unterschlagen, so dass eine cremige Mayonnaise entsteht. Den Knoblauch durch die Knoblauchpresse dazupressen und nach und nach Zitronensaft, Sardellenfilets und Parmesan unterrühren. Mit Pfeffer würzen.

3 Die Butter in einer Pfanne erhitzen, die Garnelen darin kurz anbraten. Den Wein dazugießen und die Garnelen zugedeckt bei schwacher Hitze 3–4 Min. ziehen lassen. Das Basilikum waschen und trockenschütteln, die Blättchen in Streifen schneiden und unter die Garnelen rühren. Leicht salzen. Mit der Mayonnaise servieren.

Tauschbörse

Wenn Ihnen die Mayonnaise zu reichhaltig ist, können Sie stattdessen auch 200 g **Joghurt** und 1 EL frisch geriebenen Parmesan mit dem Knoblauch, den Sardellenfilets und Pfeffer anrühren.

verführerisch

Jakobsmuscheln auf Orangennudeln

Für 4 Personen:
1/2 l Orangensaft, frisch gepresst
3 Orangen | 1 Fenchelknolle | 300 g Tagliatelle
Salz | 2 EL Butter | Pfeffer
1 Zweig frischer Rosmarin
(ersatzweise 1/4 TL getrockneter Rosmarin)
12 ausgelöste Jakobsmuscheln
2 EL neutrales Pflanzenöl | 1/2 Bund Dill

Zubereitungszeit: ca. 30 Min.
Pro Portion: ca. 480 kcal

1 Den Orangensaft in einem kleinen Topf erhitzen und bei mittlerer bis starker Hitze auf die Hälfte einkochen lassen. Inzwischen die Orangen mit einem scharfen Messer schälen, dabei die weiße Haut vollständig entfernen. Die Fruchtfleischfilets zwischen den Trennhäutchen mit dem Messer herausschneiden (s. S. 78). Den Fenchel waschen, putzen und in feine Streifen schneiden.

2 Die Tagliatelle in 4 l kochendem Salzwasser nach Packungsanweisung bissfest garen.

3 Die Butter in einer Pfanne erhitzen, den Fenchel darin ca. 5 Min. andünsten. Den Orangensaft dazugießen, einmal kurz aufkochen lassen, die Orangenfilets untermischen. Vom Herd nehmen. Salzen und pfeffern. Den Rosmarin waschen und trockenschütteln, die Nadeln von den Zweigen streifen, fein schneiden und in die Sauce streuen.

4 Die Muscheln mit Küchenpapier trockentupfen, salzen und pfeffern. Das Öl in einer zweiten Pfanne erhitzen, die Muscheln darin von allen Seiten 2–3 Min. braten.

5 Den Dill waschen und trockenschütteln. Die Nudeln abgießen, abtropfen lassen und auf vier Teller verteilen. Die Sauce und die Muscheln darüber geben. Mit Dillzweigen garnieren.

mediterran Würzige Tintenfischringe

(im Bild vorne)

Für 4 Personen:
Salz
2 Knoblauchzehen
1 Lorbeerblatt
500 g aufgetaute TK-Tintenfischringe
200 g geschälte rote Paprikaschoten (aus dem Glas)
100 g entsteinte schwarze Oliven
1 Bund glatte Petersilie
Saft von 1 Zitrone
100 ml Olivenöl
Pfeffer

Zubereitungszeit: ca. 30 Min.
Pro Portion: ca. 335 kcal

1 In einem Topf reichlich Wasser zum Kochen bringen, salzen.

2 1 Knoblauchzehe schälen, längs halbieren und zusammen mit dem Lorbeerblatt in das kochende Wasser geben. Die Tintenfischringe dazugeben und zugedeckt bei schwacher Hitze ca. 15 Min. kochen lassen.

3 Inzwischen die Paprika abtropfen lassen und in feine Streifen schneiden. Die Oliven halbieren und mit den Paprika in eine Schüssel geben. Die restliche Knoblauchzehe schälen und durch die Knoblauchpresse dazupressen. Die gegarten Tintenfischringe in ein Sieb abgießen, abtropfen lassen und untermischen.

4 Die Petersilie waschen und trockenschütteln, die Blättchen fein hacken und über die Tintenfischringe streuen. In einem Schüsselchen den Zitronensaft mit Olivenöl, Salz und Pfeffer verrühren und über die Tintenfischringe gießen. Vor dem Servieren einige Min. ziehen lassen. Dazu schmeckt frisches Baguette.

cremig-sämig Risotto mit Venusmuscheln

(im Bild hinten)

Für 4 Personen:
3–4 EL Butter
300 g Rundkornreis (Carnaroli oder Arborio)
200 ml trockener Weißwein
3/4 l heiße Gemüsebrühe (Instant)
Salz | Pfeffer | 1 Msp. gemahlener Safran
300 g frische ausgelöste Venusmuscheln (ersatzweise Venusmuscheln aus dem Glas)
1 Schalotte | 1 Lorbeerblatt | 50 g Sahne
1/2 Bund glatte Petersilie | 1/2 Bund Dill
3 EL frisch geriebener Parmesan

Zubereitungszeit: ca. 30 Min.
Pro Portion: ca. 550 kcal

1 1 EL Butter in einem breiten Topf erhitzen, den Reis dazugeben, kurz durchrühren, die Hälfte vom Wein und die heiße Brühe dazugießen. Mit Salz, Pfeffer und Safran würzen. Alles einmal aufkochen lassen, dann zugedeckt bei schwacher Hitze ca. 20 Min. garen.

2 Das Muschelfleisch trockentupfen, evtl. halbieren. Die Schalotte schälen und hacken. 1 EL Butter erhitzen, die Schalotte darin kurz andünsten. Muscheln und Lorbeer dazugeben und mit dem restlichen Wein aufgießen. Zugedeckt bei mittlerer Hitze ca. 3 Min. ziehen lassen.

3 Die Sahne steif schlagen. Die Petersilie waschen und trockenschütteln, die Blättchen fein hacken. Den Dill waschen und trockenschütteln. Die Muscheln mit dem Sud unter den gegarten Reis mischen. Parmesan, geschlagene Sahne und restliche Butter unterrühren, mit Petersilie und Dillzweigen garnieren.

Tauschbörse

Statt Muscheln können Sie auch 300 g **frische Garnelen** oder **Krabben** verwenden.

沢の鶴

1

2

3

frisch gerollt **Hosomaki-Sushi mit Lachs und Avocado**

(im Bild rechts)

Für 16 Stück:
2 TL Sesamsamen / 1/4 reife Avocado
125 g ganz frisches Lachsfilet
2 geröstete Noriblätter (gepresste Algen)
350 g vorbereiteter Sushi-Reis (s. Tipp)
1 TL Wasabipaste (japanischer grüner Meerrettich)
Außerdem:
Bambusmatte zum Aufrollen (Asienladen)

Zubereitungszeit: ca. 25 Min.
Pro Stück: ca. 100 kcal

1 Den Sesam in einer beschichteten Pfanne ohne Fett unter Rühren goldbraun rösten, abkühlen lassen. Das Avocadoviertel schälen. Das Lachsfilet von evtl. vorhandenen Gräten befreien und trockentupfen. Avocado und Lachs längs in ca. 1/2 cm breite Streifen schneiden.

2 Die Noriblätter mit der Küchenschere halbieren. Eine Hälfte mit der glänzenden Seite nach unten so auf die Bambusmatte legen, dass der Rand mit der Unterkante der Matte abschließt.

3 Eine Portion Reis ca. 1/2 cm dick darauf streichen, dabei an den Längsseiten ca. 1 cm Rand lassen. Den Reis im vorderen Drittel ganz dünn mit Wasabipaste (Achtung: sehr scharf!) bestreichen **(Step 1)**. 1/4 der Avocado- und Lachsstreifen darauf legen **(Step 2)**.

4 Die Bambusmatte leicht am unteren Ende anheben und das Noriblatt Stück für Stück aufrollen **(Step 3)**. Die Matte dabei fest andrücken. In der gleichen Weise 3 weitere Rollen formen. Jede Rolle quer in 4 gleich große Stücke schneiden und mit geröstetem Sesam bestreuen. Dazu nach Belieben Sojasauce zum Dippen und eingelegten Ingwer (Asienladen) servieren.

gut in Form **Nigiri-Sushi mit Tunfisch**

(im Bild links)

Für 8 Stück:
150 g ganz frisches Tunfischfilet
1–2 TL Wasabipaste (japanischer grüner Meerrettich)
200 g vorbereiteter Sushi-Reis (s. Tipp)

Zubereitungszeit: ca. 25 Min.
Pro Stück: ca. 125 kcal

1 Das Tunfischfilet schräg zur Faser in 8 dünne, gleich große Scheibchen schneiden (ca. 3 x 5 cm) und auf einer Seite dünn mit Wasabipaste (Achtung: sehr scharf!) bestreichen.

2 Den Sushi-Reis mit angefeuchteten Händen zu 8 länglichen Nocken formen. Je 1 Fischscheibe mit der mit Wasabipaste bestrichenen Seite nach oben in die Hand nehmen, je 1 Reisnocke darauf legen und festdrücken, umdrehen und den Fisch von oben nochmals in Form drücken.

Clever zubereiten

Sushi-Reis bereiten Sie so vor: 250 g Sushi-Reis in einem Sieb unter kaltem Wasser so lange abspülen, bis das Wasser klar bleibt. Ca. 30 Min. abtropfen lassen. In einem Topf mit 300 ml Wasser zugedeckt aufkochen und bei schwacher Hitze 20 Min. ausquellen lassen. In eine Schüssel füllen und abkühlen lassen. In einem kleinen Topf 4 EL hellen Reisessig mit 1–2 TL Zucker und 1 TL Salz kurz aufkochen, etwas abkühlen lassen und unter den handwarmen Sushi-Reis mischen. Den Reis bis zur Verwendung mit einem feuchten Küchentuch abdecken, damit er nicht austrocknet. 250 g roher Reis ergeben gegart ca. 550 g fertigen Sushi-Reis. Die Menge reicht für beide Rezepte.

Gipfel des Genusses – Hauptspeisen

Von der Haupt- zur Nebensache

Bei einem Hauptgericht sind Beilagen die Nebendarsteller – wie in einem Theaterstück: Ohne sie »geht nichts«, aber sie sollten der Hauptrolle, also dem Fleisch, dem Fisch, dem Geflügel oder Wild keinesfalls die Schau stehlen. Sie müssen das Gericht ergänzen, rein wissenschaftlich z. B. Kohlenhydrate zu einer proteinhaltigen Speise liefern – oder praktisch gesehen: sättigen und gut schmecken. Die passenden Beilagen geschmacklich zu veredeln ist dabei natürlich erlaubt.

Klassische Beilagen – aufgepeppt

Kartoffeln: Man rechnet als Beilage pro Person ca. 200 g rohe ungeschälte Kartoffeln. Gekochte Kartoffeln bekommen einen Extrakick mit:

- frisch gehackten Kräutern
- einem Klecks Crème fraîche
- Paprikapüree (Ajvar) aus dem Glas
- Gorgonzolastückchen
- angerösteten Sonnenblumenkernen

Knödel: Fertigteig-Knödel lassen sich mit einer Füllung veredeln: 1–2 mittelgroße Knödel pro Person nach Packungsanweisung zubereiten. In die Mitte jedes Knödels eine Vertiefung drücken und füllen mit:

- Weißbrotcroûtons
- klein geschnittenem Schafkäse
- frisch gehackten Kräutern und Frischkäse

Reis: Als Beilage rechnet man ca. 60 g ungekochten Reis pro Person. Schnell und edel aufgewertet wird der gekochte Reis mit:

- Rosinen und angerösteten Pinienkernen
- gegarten Kichererbsen (aus der Dose)
- orientalischer Gewürzmischung

Wildreis passt sehr gut zu exklusiven Fischgerichten.

Nudeln: Als Beilage reichen ca. 80 g ungekochte Nudeln pro Person. Geeignet sind vor allem kurze Nudeln wie Penne, Farfalle oder Rigatoni. Die Wahl einer ausgefalleneren Nudelsorte macht die Beilage schon zu etwas Besonderem. Probieren Sie doch mal:

- Orecchiette (Öhrchennudeln)
- Gnocchi-Nudeln
- Conchiglie (Muschelnudeln)

Beilagen aus aller Welt

Polenta: Die klassische italienische Beilage aus Maisgrieß wird ähnlich wie Kartoffelbrei serviert. Pro Person rechnet man ca. 50 g. Am schnellsten geht's mit Instant-Maisgrieß. Die fertige Polenta lässt sich schnell und einfach verfeinern:

- Eigelb unterrühren und geröstete Mandelblättchen darüber streuen
- gehackte angebratene Zwiebel- und Schinkenspeckstückchen untermischen
- Trüffelöl (s. S. 6) darüber träufeln

Couscous: Das aus Hartweizen hergestellte Grundnahrungsmittel der arabischen Küche schmeckt zu vielen Fleisch-, Geflügel- oder vegetarischen Gerichten. Pro Person reichen ca. 60 g als Beilage. Instant-Couscous muss nur kurz in heißem Wasser oder heißer Brühe quellen. Verfeinern lässt sich Couscous mit:

- Harissa, einer orientalischen Gewürzpaste aus Chili (Vorsicht: scharf!)
- angerösteten geschälten ungesalzenen Erdnüssen
- Rosinen und Mandelblättchen

Bulgur: Ob als Beilage zu Fleisch, Geflügel und Gemüse oder kalt als Salat, Bulgur (geschroteter Weizen) wird mit Vorliebe in der orientalischen Küche verwendet. Blitzrezept für 4 Personen: 125 g Bulgur in 250 ml kochende Gemüsebrühe (Instant) rühren, zugedeckt ca. 20 Min. bei schwacher Hitze leise kochen, dann abkühlen lassen. 1 klein geschnittene rote Paprika, 2 in Röllchen geschnittene Frühlingszwiebeln und 2 EL frisch gehackte Kräuter untermischen. Mit Salz, Pfeffer, Öl und Zitronensaft abschmecken.

kulinarischer Hochgenuss

Filetsteak in Pfefferkruste

Für 4 Personen:
4 Rinderfiletsteaks (à 160–180 g)
1 EL Olivenöl
2–3 EL zerstoßene schwarze Pfefferkörner
1 EL Butterschmalz
1 EL Butter
Salz
150 ml Geflügelfond (aus dem Glas)
2 EL Sherry medium
2 TL Cognac

Zubereitungszeit: ca. 20 Min.
Pro Portion: ca. 290 kcal

1 Die Rinderfiletsteaks von beiden Seiten mit wenig Olivenöl bestreichen. Den zerstoßenen Pfeffer auf einen flachen Teller geben und die Steaks darin wenden. Den Pfeffer andrücken.

2 Das Butterschmalz in einer unbeschichteten (am besten gusseisernen) Pfanne erhitzen. Die Steaks darin auf jeder Seite 1 Min. scharf anbraten, dann pro Seite in 2, 4 oder 5–6 Min. – je nach gewünschtem Gargrad (fast roh, rosa oder durchgebraten) – fertig braten. Herausnehmen, salzen und zugedeckt warm halten.

3 Die Butter in der Pfanne zerlassen, den Geflügelfond dazugießen und den Bratensatz damit loskochen. Den Sherry dazugeben. Die Sauce bei starker Hitze ca. 5 Min. einkochen lassen.

4 Den Cognac unter die Sauce rühren. Die Filetsteaks mit der Sauce begießen und sofort servieren. Dazu passen gedünstete grüne Bohnen oder Zuckerschoten.

raffiniert verhüllt Schweinefilet in Blätterteig

Für 4 Personen:
2 Schweinefilets (à ca. 400 g)
Salz | Pfeffer
450 g aufgetauter TK-Blätterteig (6 Platten)
500 g Champignons
1 Zwiebel
1 Knoblauchzehe | 1 EL Butter
2 Eigelbe | 2 EL Sahne
Außerdem:
Mehl für die Arbeitsfläche

Zubereitungszeit: ca. 20 Min.
Backzeit: ca. 40 Min.
Pro Portion: ca. 760 kcal

1 Filets rundum salzen und pfeffern. Je 3 Blätterteigplatten übereinander legen und auf wenig Mehl zu einem ca. 20 x 30 cm großen Rechteck ausrollen. Den Ofen auf 200° vorheizen.

2 Die Pilze putzen, trocken abreiben und klein würfeln. Zwiebel und Knoblauch schälen, fein hacken. Butter in einer Pfanne erhitzen, Zwiebel und Knoblauch darin glasig dünsten. Pilze dazugeben, salzen, pfeffern und ca. 5 Min. mitdünsten. Ausgetretene Pilzflüssigkeit abgießen.

3 Pilzmischung auf den Teigplatten verteilen, dabei längs in der Mitte jeweils einen ca. 5 cm breiten Streifen frei lassen, darauf jeweils der Länge nach 1 Filet legen und in den Teig einrollen. Ränder mit wenig Wasser anfeuchten und zusammendrücken. Die Teigrollen mit der Naht nach unten auf ein mit kaltem Wasser abgespültes Backblech legen.

4 Eigelbe und Sahne verrühren, die Blätterteigrollen damit bestreichen. Im heißen Ofen (Mitte, Umluft 180°) ca. 40 Min. backen. Die Päckchen jeweils halbieren oder in Scheiben schneiden und warm oder kalt mit gedünstetem Gemüse oder einem frischen Blattsalat servieren.

nicht nur für Schweizer Zürcher Geschnetzeltes

(im Bild vorne)

Für 4 Personen:
2 Schalotten / 300 g Egerlinge oder Champignons
3 EL neutrales Pflanzenöl
600 g Kalbsschnitzel
(vom Metzger schnetzeln lassen)
Salz / Pfeffer / 2 EL Cognac / 100 g Sahne

Zubereitungszeit: ca. 25 Min.
Pro Portion: ca. 325 kcal

1 Schalotten schälen und fein hacken. Pilze putzen, trocken abreiben und vierteln. 2 EL Öl in einer Pfanne erhitzen, das Fleisch darin bei starker Hitze ca. 5 Min. braten. Salzen und pfeffern. Herausnehmen und beiseite stellen.

2 Das restliche Öl in der Pfanne erhitzen, die Schalotten darin kurz anbraten. Die Pilze dazugeben, salzen, pfeffern und bei mittlerer Hitze ca. 2 Min. dünsten. Cognac und Sahne dazugeben, alles einmal kurz aufkochen lassen und weitere 3 Min. garen. Das Fleisch in die Pilzsauce geben und noch einmal kurz miterhitzen. Dazu passen Rösti (s. Tipp).

Clever kombinieren

Klassisch gehören zum Zürcher Geschnetzelten **Kartoffelrösti.** Für 4 Personen als Beilage: 1 kg fest kochende Kartoffeln waschen und in einem Topf mit Wasser bedeckt in 15–20 Min. nicht ganz gar kochen. Abgießen und abkühlen lassen, dann pellen und mit einer Gemüsereibe in eine Schüssel reiben. 1 Zwiebel schälen, fein hacken und untermischen. Salzen und pfeffern. 1–2 EL Butterschmalz in einer mittelgroßen Pfanne erhitzen, die Hälfte der Kartoffelmasse hineingeben, flach drücken und bei schwacher Hitze ca. 15 Min. braten, bis sich an der Unterseite eine goldgelbe Kruste gebildet hat. Rösti auf einen Teller gleiten lassen. 1 weiteren EL Butterschmalz erhitzen. Rösti mit Hilfe eines zweiten Tellers wenden, umgedreht wieder in die Pfanne gleiten lassen und in weiteren 15 Min. fertig braten. Herausnehmen und zugedeckt warm stellen. Die zweite Rösti genauso backen, dann die Rösti vierteln und zu dem Geschnetzelten servieren.

vom Feinsten Filetgulasch »Stroganoff«

(im Bild hinten)

Für 4 Personen:
600 g Rinderfilet / Salz / Pfeffer
1 EL Butterschmalz
1 Zwiebel
100 ml trockener Rotwein
150 g Gewürzgurken (aus dem Glas)
150 g Rote Bete (aus dem Glas)
1 EL neutrales Pflanzenöl

Zubereitungszeit: ca. 30 Min.
Pro Portion: ca. 410 kcal

1 Das Fleisch in ca. 2 cm große Würfel schneiden, salzen und pfeffern. 1/2 EL Butterschmalz in einer Pfanne erhitzen, das Fleisch darin bei starker Hitze in ca. 5 Min. rundum anbraten, aus der Pfanne nehmen und beiseite stellen.

2 Die Zwiebel schälen und fein hacken. Restliches Butterschmalz in der Pfanne erhitzen, Zwiebel darin kurz andünsten. Wein angießen, einmal kurz aufkochen lassen. Das Fleisch wieder in die Pfanne geben und zugedeckt bei mittlerer Hitze 8–10 Min. garen. Mit Salz und Pfeffer abschmecken.

3 Gewürzgurken und Rote Bete abtropfen lassen, in feine Streifen schneiden. Das Öl erhitzen, Gurken und Rote Bete darin kurz erwärmen. Das Gulasch auf vier Teller verteilen, Gurken- und Rote-Bete-Streifen darauf geben. Dazu passt Kartoffelpüree.

1

2

3

kulinarisches Traumpaar **Entenbrust mit Orangenfilets**

(im Bild links)

Für 4 Personen:
2 Entenbrustfilets mit Haut (à ca. 300 g) / Salz
Pfeffer / 2 Orangen / 2 EL Butterschmalz
4 Zweige frischer Thymian (ersatzweise 1/2–1 TL getrockneter Thymian)

Zubereitungszeit: ca. 30 Min.
Pro Portion: ca. 410 kcal

1 Die Entenbrustfilets kalt abspülen und mit Küchenpapier trockentupfen. Die Haut im Abstand von 1 1/2 cm kreuzweise einritzen **(Step 1)**. Das Fleisch auf beiden Seiten mit Salz und Pfeffer würzen. 1 Orange halbieren und auspressen. Den Backofen auf 180° vorheizen.

2 Butterschmalz in einer feuerfesten Bratreine erhitzen, die Entenbrustfilets darin bei starker Hitze auf der Hautseite 3–4 Min. knusprig anbraten, wenden und auf der Fleischseite bei mittlerer Hitze weitere 2–3 Min. braten. Dann in der Bratreine mit der Hautseite nach oben in den heißen Backofen (Mitte, Umluft 160°) stellen, den Orangensaft dazugießen und das Fleisch 10–15 Min. schmoren.

3 Inzwischen die übrige Orange mit einem scharfen Messer schälen, dabei die weiße Haut vollständig entfernen **(Step 2)**. Die Fruchtfleischfilets zwischen den Trennhäutchen mit dem Messer herausschneiden **(Step 3)**.

4 Thymian waschen und trockenschütteln. Die Bratreine aus dem Backofen nehmen, die Thymianzweige hineinlegen. Das Fleisch ca. 5 Min. zugedeckt ruhen lassen, dann in Scheiben schneiden und auf vier Teller verteilen. Die Sauce mit Salz und Pfeffer abschmecken und darüber gießen. Mit Thymianzweigen und Orangenfilets garnieren. Dazu schmecken Rösti (s. Tipp S. 77).

Stylingtipp

Fingerfood schnell und edel: Entenbrust vollständig erkalten lassen, in Würfel schneiden und mit je 1 Orangenfilet auf Zahnstocher aufspießen.

thailändisch inspiriert **Hähnchen-Curry mit Spargel**

(im Bild rechts)

Für 4 Personen:
4 Hähnchenbrustfilets (à ca. 150 g) / Salz
Pfeffer / 400 g grüner Spargel
1 Stängel Zitronengras (Asienladen)
100 g Maiskörner (aus der Dose)
2 EL neutrales Pflanzenöl
1 EL milde Currypaste (Asienladen)
200 ml ungesüßte Kokosmilch (aus der Dose)
1 Bund Thai-Basilikum (ersatzweise Basilikum)
100 g Cocktailtomaten

Zubereitungszeit: ca. 30 Min.
Pro Portion: ca. 400 kcal

1 Hähnchenbrustfilets kalt abspülen, trockentupfen, salzen und pfeffern. Spargel waschen, im unteren Drittel schälen und die Enden abschneiden. Die Stangen in ca. 3 cm große Stücke schneiden, diese längs halbieren. Das Zitronengras waschen, quer halbieren und flachklopfen. Den Mais in ein Sieb abgießen und abtropfen lassen.

2 Das Öl in einem Bratentopf erhitzen, die Filets darin bei starker Hitze rundum kurz anbraten. Die Currypaste mit der Kokosmilch verrühren und zusammen mit Spargel, Mais und Zitronengras untermischen. Salzen und pfeffern. Kurz aufkochen lassen und zugedeckt ca. 10 Min. garen.

3 Das Basilikum waschen, trockenschütteln, die Blättchen in Streifen schneiden. Tomaten waschen, halbieren und mit dem Basilikum auf das fertige Gericht geben. Vor dem Servieren das Zitronengras entfernen. Dazu passt Basmatireis.

1

2

3

würziges Innenleben Gefüllte Putenschnitzel

(im Bild vorne)

Für 4 Personen:
100 g frischer Blattspinat (möglichst kleine Blätter; ersatzweise aufgetauter TK-Blattspinat)
1 Schalotte / 1 EL Butter / 100 g Gorgonzola
Salz / Pfeffer
1 Prise frisch geriebene Muskatnuss
4 Putenschnitzel (à ca. 150 g; vom Metzger flach klopfen lassen)
4 EL neutrales Pflanzenöl / 2 EL Mehl
Außerdem:
Holzzahnstocher oder Rouladennadeln

Zubereitungszeit: ca. 30 Min.
Pro Portion: ca. 385 kcal

1 Den frischen Spinat gründlich waschen, putzen und verlesen, dabei die groben Stiele entfernen. Die Schalotte schälen und fein hacken. Die Butter in einem Topf erhitzen, die Schalotte darin kurz andünsten. Den Spinat dazugeben, zusammenfallen lassen und vom Herd nehmen.

2 Den Gorgonzola klein schneiden und unter den Spinat mischen. Mit Salz, Pfeffer und Muskat würzen.

3 Die Putenschnitzel kalt abspülen und trockentupfen. Mit einem großen Löffel jeweils etwas von der Spinat-Gorgonzola-Füllung auf die Schnitzel streichen **(Step 1)**. Die Schnitzel quer zusammenklappen und jeweils mit Holzzahnstochern oder einer Rouladennadel zusammenstecken **(Step 2)**.

4 Das Öl in einer Pfanne erhitzen. Das Mehl auf einen flachen Teller geben. Die Putenschnitzel erst in dem Mehl wenden, dann in dem heißen Öl von jeder Seite ca. 3 Min. braten **(Step 3)**. Dazu schmecken Schupfnudeln.

stilvoll italienisch Hähnchenbrust mit Parmaschinken

(im Bild hinten)

Für 4 Personen:
4 Hähnchenbrustfilets (à ca. 150 g)
Salz / Pfeffer
8 frische Salbeiblätter
4 Scheiben Parmaschinken
1–2 EL neutrales Pflanzenöl
Außerdem:
Holzzahnstocher oder Rouladennadeln

Zubereitungszeit: ca. 20 Min.
Pro Portion: ca. 280 kcal

1 Die Hähnchenbrustfilets kalt abspülen, trockentupfen und auf beiden Seiten mit Salz und Pfeffer würzen.

2 Die Salbeiblätter waschen und trockentupfen. Auf jede Fleischseite ein Salbeiblatt legen. Um jedes Filet 1 Scheibe Parmaschinken wickeln. Den Schinken und das Salbeiblatt jeweils mit Holzzahnstochern oder einer Rouladennadel feststecken.

3 Das Öl in einer Pfanne erhitzen, die Hähnchenbrustfilets darin bei starker Hitze von jeder Seite kurz anbraten, dann bei mittlerer Hitze von jeder Seite weitere 5–7 Min. braten. Dazu passen Reis und Tomatensalat oder ein frischer Blattsalat.

für den besonderen Anlass Rehkoteletts mit Haselnusskruste

Für 4 Personen:
8 Rehkoteletts (à ca. 80 g; beim Wildhändler vorbestellen)
Salz / Pfeffer
2 EL gemahlene Haselnüsse
3 EL Butter
2 EL Semmelbrösel
2 Zweige frischer Rosmarin
1 Schalotte
2 EL neutrales Pflanzenöl
4 Wacholderbeeren
100 ml Wildfond (aus dem Glas)

Zubereitungszeit: ca. 30 Min.
Pro Portion: ca. 370 kcal

1 Die Rehkoteletts auf beiden Seiten mit Salz und Pfeffer würzen. Die Haselnüsse in einer kleinen beschichteten Pfanne ohne Fett bei starker Hitze unter Rühren 2–4 Min. anrösten. Etwas abkühlen lassen.

2 Die Butter in einem Topf zerlassen, die gerösteten Haselnüsse und die Semmelbrösel dazugeben. Alles zu einer dicken Masse verrühren. Die Nussmasse mit Salz und Pfeffer würzen. Den Backofen auf 220° vorheizen.

3 Die Rosmarinzweige waschen und trockenschütteln. Die Schalotte schälen und grob würfeln. Das Öl in einer Pfanne erhitzen, die Rehkoteletts darin bei starker Hitze von jeder Seite ca. 2 Min. anbraten. Die Rosmarinnadeln in die Pfanne streifen. Die Schalotte und die Wacholderbeeren dazugeben und kurz mitbraten.

4 Den Pfanneninhalt in eine feuerfeste Form geben. Die Rehkoteletts mit der Nussmasse bestreichen, den Wildfond seitlich in die Form gießen.

5 Die Rehkoteletts im heißen Backofen (Mitte, Umluft 200°) in ca. 10 Min. goldgelb überbacken. Dazu passen Kroketten und Rotkohl mit Speck (s. Tipp).

Clever kombinieren

Für 4 Personen als Beilage: 800 g **Rotkohl** putzen und vierteln, den Strunk entfernen. Die Kohlviertel in feine Streifen schneiden, waschen und abtropfen lassen. 1 mittelgroße Zwiebel schälen und fein hacken. 1–2 EL Butter in einem Schmortopf erhitzen, die Zwiebel und 50 g gewürfelten **Räucherspeck** darin bei mittlerer Hitze andünsten, die Rotkohlstreifen dazugeben und kurz mitdünsten. 1/4 l Fleisch- oder Gemüsebrühe (Instant) und 150 ml trockenen Rotwein angießen, alles einmal aufkochen lassen. 1 Lorbeerblatt und 1/2 TL Kümmel unterrühren. Mit Salz und Pfeffer würzen. Den Rotkohl zugedeckt bei schwacher Hitze ca. 40 Min. garen.

Clever zubereiten

Auch wenn Rindfleisch von Gourmets gerne »rare«, also beinahe blutig, verzehrt wird – **Wildbret** sollte unbedingt durchgegart serviert werden. Achten Sie darauf, dass das Fleisch bei der Zubereitung im Kern mindestens 10 Min. eine Temperatur von 80° erreicht. Auf diese Weise werden etwaige Krankheitserreger abgetötet, und Sie können das feine Wildfleisch ohne gesundheitliche Bedenken genießen.

1

2

3

raffiniert verhüllt

Lachsforelle in Salzkruste

Für 4 Personen:
1 küchenfertige Lachsforelle (ca. 1–1 1/2 kg; ersatzweise 1 Loup de mer)
Saft von 1 Zitrone
1 Bund glatte Petersilie
6 Eiweiße
2 1/2 kg grobkörniges Meersalz (Reformhaus)
2 Knoblauchzehen

Zubereitungszeit: ca. 25 Min.
Backzeit: ca. 30 Min.
Pro Portion: ca. 200 kcal

1 Den Fisch kalt abspülen und mit Küchenpapier trockentupfen. Dann rundum mit Zitronensaft beträufeln. Den Backofen auf 200° vorheizen.

2 Die Petersilie waschen und trockenschütteln, die Blättchen fein hacken und den Fisch damit füllen.

3 Die Eiweiße steif schlagen und in einer großen Schüssel mit dem Salz verrühren. Die Knoblauchzehen schälen und durch die Knoblauchpresse dazupressen. So viel Wasser unterrühren, dass eine streichfähige Masse entsteht.

4 Auf einem Backblech Alufolie ausbreiten, die Hälfte des Eiweißteiges auf die Folie streichen **(Step 1)**. Den Fisch darauf legen **(Step 2)** und mit dem restlichen Teig bedecken **(Step 3)**. Den Teig glatt streichen, so dass der Fisch rundum eingeschlossen ist.

5 Den Fisch im heißen Backofen (Mitte, Umluft 180°) ca. 30 Min. garen, dann aus dem Ofen nehmen. Die Kruste vorsichtig mit dem Messerrücken oder einem kleinen Hammer aufschlagen und abnehmen.

6 Die Haut vom Fisch abziehen. Das Fischfleisch mit Löffel oder Fischmesser und Gabel vorsichtig von der Mittelgräte lösen. Für die weiteren Portionen die Mittelgräte von der Schwanzflosse her anheben und entfernen. Dazu schmecken Kartoffeln mit Kräuter-Senf-Sauce (s. Tipp).

Variante aus der Folie

Die Salzkruste sorgt dafür, dass der Fisch beim Garen im Ofen nicht austrocknet. Denselben Zweck erfüllt Alufolie in dieser Variante: Für 4 Personen 4 küchenfertige **Forellen** (à ca. 300 g) kalt abspülen, trockentupfen und von innen leicht salzen und pfeffern. 1 Bund glatte **Petersilie** und 1 Bund **Rucola** waschen, trockenschütteln und ohne die groben Stiele fein hacken. 2 unbehandelte **Zitronen** heiß waschen, die Schale abreiben. 2 **Knoblauchzehen** und 2 kleine **Schalotten** schälen und klein hacken. Kräuter, Zitronenschale, Knoblauch und Schalotten mit ca. 4 EL Olivenöl vermengen. Die Fische mit der Kräutermischung füllen. 4 ausreichend große Stücke Alufolie mit Öl bepinseln, die Fische darauf legen. Die Folienenden locker über den Fischen verschließen und an Kopf- und Schwanzseite hochbiegen. So auf ein Blech legen, dass der Foliensaum oben liegt. Die Forellen im auf 200° vorgeheizten Backofen (Mitte, Umluft 180°) ca. 20 Min. garen.

Luxuskick

*Eine feine **Kräuter-Senf-Sauce** passt prima zu Fischgerichten und ist blitzschnell zubereitet: 150 g Joghurt mit 1 EL mittelscharfem Senf und 1 EL Aceto balsamico verrühren. 3 EL Milch, Sahne oder Wasser untermischen. 3 EL frisch gehackte Kräuter (z. B. Zitronenmelisse, Dill, Petersilie, Basilikum) unterrühren. Die Sauce mit Salz und Pfeffer abschmecken.*

Waterkant-Klassiker **Schollenfilet mit Räucherspeck**

(im Bild vorne)

Für 4 Personen:
4 Schollenfilets (à ca. 150 g)
2 EL Zitronensaft
Salz | Pfeffer
3 EL neutrales Pflanzenöl
3 EL Mehl
2 EL Butter
150 g durchwachsener Räucherspeck
1 Bund glatte Petersilie
4 EL Weißbrotcroûtons (s. Tipp S. 97)

Zubereitungszeit: ca. 30 Min.
Pro Portion: ca. 505 kcal

1 Die Schollenfilets kalt abspülen und mit Küchenpapier trockentupfen. Mit Zitronensaft beträufeln, salzen und pfeffern. Den Backofen auf 100° vorheizen.

2 Das Öl in einer großen Pfanne erhitzen. Das Mehl auf einen flachen Teller geben. Die Schollenfilets erst im Mehl wenden, dann im heißen Öl ca. 3 Min. bei starker Hitze braten. Einmal wenden und die Butter dazugeben. Den Fisch bei mittlerer Hitze weitere 2 Min. braten, dann herausnehmen, in eine feuerfeste Form geben und zugedeckt im Ofen warm stellen. Die Pfanne nicht abspülen.

3 Den Speck ohne Schwarte in kleine Würfel schneiden. Die Petersilie waschen und trockenschütteln, die Blättchen fein hacken. Den Speck im verbliebenen Fett in der Pfanne knusprig braten, die Croûtons zum Erwärmen kurz dazugeben, die Petersilie darüber streuen.

4 Die Schollenfilets auf vier Tellern anrichten, die Speck-Croûtons-Mischung über die Filets verteilen. Dazu schmecken Salzkartoffeln und Gurkensalat.

leicht & lecker **Zanderfilet mit Tomaten**

(im Bild hinten)

Für 4 Personen:
2 Fleischtomaten | 1 Bund Frühlingszwiebeln
4 Zanderfilets (à ca. 150 g)
4 EL trockener Weißwein
Salz | 2 EL Mehl
4 EL Olivenöl | 1/2 Bund glatte Petersilie
Pfeffer

Zubereitungszeit: ca. 30 Min.
Pro Portion: ca. 260 kcal

1 Tomaten mit kochend heißem Wasser kurz überbrühen, mit kaltem Wasser abschrecken, enthäuten und vierteln. Fruchtfleisch ohne Stielansätze und Kerne klein würfeln. Frühlingszwiebeln putzen, waschen, in Röllchen schneiden.

2 Die Zanderfilets kalt abspülen und trockentupfen. Mit je 1 EL Wein beträufeln, salzen und auf beiden Seiten mit etwas Mehl bestäuben. Den Ofen auf 100° vorheizen.

3 3 EL Öl in einer Pfanne erhitzen, die Filets darin bei mittlerer Hitze von jeder Seite 3–5 Min. braten. Herausnehmen, in eine feuerfeste Form geben und zugedeckt im Ofen warm stellen.

4 Die Petersilie waschen und trockenschütteln, die Blättchen fein hacken. Das restliche Öl in der Pfanne erhitzen, Tomaten und Frühlingszwiebeln darin unter Rühren ca. 3 Min. dünsten. Mit Salz und Pfeffer würzen. Die Zanderfilets auf Teller verteilen, die Tomaten-Zwiebel-Mischung darüber geben. Mit Petersilie bestreut servieren.

Clever genießen

Auf kühlem Porzellan erkalten Fischfilets rasch, stellen Sie daher die Teller vor dem Servieren mit in den warmen Backofen und richten Sie den Fisch auf **vorgewärmten Tellern** an.

zart & würzig **Gebratenes Saiblingfilet**

Für 4 Personen:
3 EL Zitronensaft
1 EL Worcestershire Sauce
4 Saiblingfilets (à ca. 150 g)
2 1/2 EL Speisestärke
Salz | Pfeffer
2 EL neutrales Pflanzenöl

Zubereitungszeit: ca. 15 Min.
Marinierzeit: ca. 12 Std.
Pro Portion: ca. 195 kcal

1 Zitronensaft und Worcestershire Sauce zu einer Marinade verrühren. Die Saiblingsfilets kalt abspülen, mit Küchenpapier trockentupfen und in einen tiefen Teller legen, die Marinade darüber gießen. Die Filets zugedeckt 12 Std. (am besten über Nacht) im Kühlschrank marinieren.

2 Am nächsten Tag die Saiblingfilets aus der Marinade nehmen und auf Küchenpapier abtropfen lassen. Die Stärke auf einem flachen Teller mit jeweils 1/2 TL Salz und Pfeffer mischen.

3 Das Öl in einer Pfanne erhitzen. Die Fischfilets erst in der Stärke wenden, dann im heißen Öl bei mittlerer Hitze von jeder Seite 3–5 Min. braten. Dazu passen Reis oder Kartoffeln und Blattsalat.

Tauschbörse

Saiblinge gehören mit ihrem zarten und besonders köstlichen lachsfarbenen Fleisch zu den teuersten Süßwasserfischen. Wenn Sie es etwas preisgünstiger haben möchten, nehmen Sie statt Saiblingfilets einfach **Forellen- oder Zanderfilets.**

Aromakick Kabeljaufilet in Senfbutter

Für 4 Personen:
4 Kabeljaufilets (à ca. 200 g)
2 EL Zitronensaft / Salz / Pfeffer
100 ml trockener Weißwein
1 Bund glatte Petersilie
50 g Butter
1 EL mittelscharfer Senf
Außerdem:
Butter für die Form

Zubereitungszeit: ca. 30 Min.
Pro Portion: ca. 275 kcal

1 Den Backofen auf 200° vorheizen. Die Kabeljaufilets kalt abspülen und mit Küchenpapier trockentupfen. Mit dem Zitronensaft beträufeln, salzen und pfeffern.

2 Eine feuerfeste Form mit Butter einfetten. Die Hälfte des Weißweins darin verteilen. Die Kabeljaufilets hineinlegen, den Deckel aufsetzen oder die Form mit Alufolie abdecken. Den Fisch im heißen Backofen (Mitte, Umluft 180°) 10–12 Min. garen.

3 Die Petersilie waschen und trockenschütteln, die Blättchen fein hacken. Die Butter in einem Topf mit dem restlichen Weißwein und dem Senf verrühren. Alles einmal kurz aufkochen lassen.

4 Den Fisch auf Teller verteilen und mit der Senfbutter beträufeln. Die Petersilie darüber streuen. Dazu passen Salzkartoffeln und ein grüner Blattsalat.

Getränketipp

Trinken Sie zu diesem Gericht doch einen feinfruchtigen, trockenen **Sekt,** einen prickelnden **Prosecco** oder einen eleganten **Riesling.**

kräuterwürzig Couscous mit Scampi

(im Bild vorne)

Für 4 Personen:
16 rohe geschälte Scampi (vom Fischhändler schälen lassen)
4 EL Olivenöl / Salz / Pfeffer
4 Frühlingszwiebeln
2 Schalotten
100 g Cocktailtomaten
3 Zweige frischer Thymian / 100 g Butter
30 ml trockener Weißwein
30 ml Noilly Prat (ersatzweise trockener weißer Wermut)
1/4 l Fischfond (aus dem Glas)
250 g Couscous (Instant)
je 1/2 Bund Basilikum und glatte Petersilie

Zubereitungszeit: ca. 30 Min.
Pro Portion: ca. 590 kcal

1 Ofen auf 100° vorheizen. Scampi kalt abspülen und trockentupfen, evtl. den schwarzen Darm mit einem spitzen Messer entfernen. Scampi evtl. halbieren. 2 EL Öl in einem Bratentopf erhitzen, Scampi darin in 3–5 Min. rundum anbraten. Salzen und pfeffern. In eine feuerfeste Form geben und zugedeckt im Ofen warm stellen. Den Topf nicht ausspülen.

2 Frühlingszwiebeln putzen, waschen und in Röllchen schneiden. Schalotten schälen und hacken. Tomaten waschen und vierteln. Thymian waschen und trockenschütteln, die Blättchen von den Stielen streifen.

3 Die Butter in dem Scampi-Topf erhitzen, Frühlingszwiebeln, Schalotten, Tomaten und Thymianblättchen darin ca. 2 Min. andünsten. Wein, Noilly Prat und Fischfond dazugießen und alles einmal aufkochen lassen. Den Couscous unterrühren, vom Herd nehmen und zugedeckt ca. 5 Min. quellen lassen.

4 Basilikum und Petersilie waschen und trockenschütteln, die Blättchen hacken. Kräuter und restliches Öl unter den Couscous mischen. Mit den Scampi servieren.

Orient express! Couscous mit Hähnchenbrust

(im Bild hinten)

Für 4 Personen:
600 g Hähnchenbrustfilet / Salz / Pfeffer
1 Bund Koriandergrün
2 EL neutrales Pflanzenöl
1/4 l Hühnerbrühe (Instant)
250 g Couscous (Instant)
1 kleine Knoblauchzehe / 2 EL Butter
100 g Sahne / 2 EL Olivenöl

Zubereitungszeit: ca. 30 Min.
Pro Portion: ca. 585 kcal

1 Das Fleisch kalt abspülen, trockentupfen und in ca. 2 cm lange Streifen schneiden. Salzen und pfeffern. Koriander waschen und trockenschütteln, die Blättchen von den Stielen zupfen und fein hacken, die Stiele nicht wegwerfen.

2 Pflanzenöl in einer Pfanne erhitzen, das Fleisch darin bei mittlerer Hitze unter Rühren 5–8 Min. braten. Die Korianderstiele dazugeben und ca. 1 Min. mitdünsten. Vom Herd nehmen und zugedeckt beiseite stellen.

3 Die Brühe in einem Topf zum Kochen bringen. Den Couscous einrühren. Knoblauch schälen und durch die Knoblauchpresse dazupressen, die Butter untermischen. Topf vom Herd nehmen und den Couscous zugedeckt ca. 5 Min. quellen lassen, dann das Fleisch (ohne die Korianderstiele), Korianderblättchen, Sahne und Olivenöl untermischen. Mit Salz und Pfeffer abschmecken, alles nochmals unter Rühren kurz erhitzen und servieren.

Klassiker auf neue Art **Lasagne mit Lamm**

Für 4 Personen:
1 Zwiebel | 2 Knoblauchzehen | 4 EL Olivenöl
600 g Lammhackfleisch (vom Metzger ganz frisch durchdrehen lassen)
1 große Dose geschälte Tomaten (800 g Füllmenge)
je 1 TL getrockneter Thymian und Rosmarin
Salz | Pfeffer | 1 TL Zucker
1 EL Butter | 2 EL Mehl
300 ml trockener Weißwein (ersatzweise Milch oder Gemüsebrühe)
300 ml Milch
1 Prise frisch geriebene Muskatnuss
300 g Lasagneblätter (ohne Vorkochen)
300 g Emmentaler, frisch gerieben
Außerdem:
Butter für die Form

Zubereitungszeit: ca. 30 Min.
Backzeit: ca. 45 Min.
Pro Portion: ca. 1250 kcal

1 Für die Tomaten-Hackfleisch-Sauce die Zwiebel und den Knoblauch schälen und klein würfeln. Das Öl in einem Topf erhitzen, Zwiebel und Knoblauch darin glasig braten. Hackfleisch dazugeben und bei mittlerer Hitze unter Rühren in ca. 5 Min. krümelig braten. Tomaten mit Saft dazugeben und im Topf etwas kleiner schneiden. Die getrockneten Kräuter unterrühren. Alles offen bei schwacher Hitze 15–20 Min. leise kochen lassen. Mit Salz, Pfeffer und Zucker abschmecken.

2 Inzwischen für die Béchamelsauce die Butter in einem zweiten Topf zerlassen und das Mehl einrühren. Nach und nach unter ständigem Rühren den Wein und die Milch dazugießen. Die Sauce einmal aufkochen und dann offen bei schwacher Hitze 3–4 Min. leise kochen lassen. Mit Salz, Pfeffer und Muskat würzen. Den Backofen auf 200° vorheizen.

3 Eine feuerfeste rechteckige Form mit Butter einfetten und mit etwas Béchamelsauce ausstreichen. 3–4 Lasagneblätter nebeneinander in die Form legen, etwas Tomaten-Hackfleisch-Sauce darauf geben, dann etwas Béchamelsauce und Käse. Auf diese Weise mehrere Schichten legen, bis die Lasagneblätter aufgebraucht sind. Mit einer Schicht Lasagneblätter und Béchamelsauce enden. Mit dem restlichen Käse bestreuen und im heißen Backofen (Mitte, Umluft 180°) 40–45 Min. überbacken.

Luxuskicks

Noch aromatischer wird die Tomaten-Hackfleisch-Sauce, wenn Sie sie statt mit getrocknetem Thymian mit getrocknetem ***wildem Bergbohnenkraut*** *würzen. Und um die Säure der Tomaten sanft auszugleichen, können Sie die Sauce statt mit Zucker auch einmal mit* ***Honig*** *abschmecken.*
Um die Lasagne mit frischem Gemüse zu veredeln, müssen Sie nicht viel mehr Zeit investieren – erlaubt ist, was schmeckt, beispielsweise ***Zucchini, Auberginen*** *oder* ***Möhren:*** *500–600 g Gemüse nach Wahl waschen, putzen und auf dem Gemüsehobel in dünne Scheiben hobeln. Die gefettete Auflaufform mit etwas Béchamelsauce ausstreichen. 3–4 Lasagneblätter darauf geben, dann eine Schicht Gemüsescheiben. Mit Béchamelsauce bestreichen und mit Käse bestreuen. Auf diese Weise mehrere Schichten legen, bis die Lasagneblätter verbraucht sind. Mit einer Schicht Lasagneblätter und Béchamelsauce enden, mit restlichem Käse bestreuen und backen.*
Auch ***Spinat*** *passt gut in die Lasagne. Ihn sollten Sie nach dem Waschen, Putzen und Verlesen tropfnass in einen Topf geben und zugedeckt bei mittlerer Hitze in 3–4 Min. zusammenfallen lassen. Danach gut abtropfen lassen, evtl. etwas kleiner schneiden und wie oben beschrieben mit einschichten.*

fein zum Wein **Blätterteigquiche mit Schinken**

(im Bild vorne)

Für 1 Springform von 28 cm Ø:
300 g aufgetauter TK-Blätterteig
300 g gekochter Schinken in dicken Scheiben
200 g Chester / 3 Eier / 250 g Sahne / Salz
Pfeffer / 1/2 TL rosenscharfes Paprikapulver
1 Prise frisch geriebene Muskatnuss
Außerdem:
Mehl für die Arbeitsfläche

Zubereitungszeit: ca. 20 Min.
Backzeit: ca. 45 Min.
Bei 12 Stück pro Stück: ca. 280 kcal

1 Den Backofen auf 180° vorheizen. Die Teigplatten übereinander legen und auf wenig Mehl zu einem Kreis von ca. 30 cm Ø ausrollen. Die Springform kalt ausspülen, nicht abtrocknen und mit dem Teig auslegen. Dabei einen ca. 2 cm hohen Rand formen. Den Teig mit einer Gabel mehrmals einstechen. Schinken und Käse in kleine Würfel schneiden und darauf verteilen.

2 Eier und Sahne in einer Schüssel verrühren. Mit Salz, Pfeffer, Paprikapulver und Muskat würzen. Die Eier-Sahne-Mischung über den Teig in der Form gießen. Die Quiche im heißen Backofen (Mitte, Umluft 160°) ca. 45 Min. backen. Warm oder kalt servieren.

Vegetarische Variante

Statt mit Schinken und Käse können Sie die Quiche auch mit Gemüse zubereiten: 1 Stange **Lauch** putzen, längs aufschlitzen, waschen, halbieren und in schmale Halbringe schneiden. Ca. 200 g **Blumenkohl- und Brokkoliröschen** waschen und klein schneiden. 1 kleinen **Zucchino** und 1 rote **Paprikaschote** waschen, putzen und klein würfeln. Wie oben beschrieben auf dem Teig verteilen, mit der Eier-Sahne-Mischung begießen und backen.

fruchtig & würzig **Greyerzer-Tarte mit Feigenragout**

(im Bild hinten)

Für 4 Personen:
200 g TK-Pizzateig (3 Platten)
150 g Greyerzer am Stück / 2 Eier / 100 g Sahne
1 Prise frisch geriebene Muskatnuss
8 frische Feigen
1 EL Butter / 2 EL Zucker
2 EL Portwein
Außerdem:
Mehl für die Arbeitsfläche
neutrales Pflanzenöl für das Backblech

Zubereitungszeit: ca. 30 Min.
Backzeit: ca. 20 Min.
Pro Portion: ca. 495 kcal

1 Die Pizzateigplatten ca. 10 Min. auftauen lassen. Den Backofen auf 160° vorheizen. Den Käse in eine Schüssel reiben, Eier und Sahne unterrühren. Mit Muskat würzen.

2 Das Backblech mit Öl fetten. Den Pizzateig auf wenig Mehl zu einem 25 x 30 cm großen Rechteck ausrollen. Den Teig auf das Blech legen. Die Käsemischung gleichmäßig darauf verteilen. Im heißen Ofen (Mitte, Umluft 145°) in ca. 20 Min. goldgelb backen.

3 Inzwischen von den Feigen die Haut vom Stielansatz zur Blüte hin dünn abschälen. Feigen in Sechstel schneiden. Die Butter in einer beschichteten Pfanne zerlassen, Zucker einrühren und unter Rühren karamellisieren, den Portwein dazugießen und bei mittlerer Hitze einkochen lassen, bis eine sirupartige Masse entsteht. Die Feigen dazugeben und bei schwacher Hitze ca. 2 Min. darin wenden.

4 Die lauwarme Tarte in acht Stücke schneiden. Je zwei Stücke auf einem Teller mit dem Feigenragout anrichten. Dazu passt Feldsalat.

mediterraner Edel-Touch
Kartoffel-Oliven-Püree

Für 4 Personen:
1 kg mehlig kochende Kartoffeln
Salz / 2 EL entsteinte schwarze Oliven (ersatzweise grüne Oliven)
1 kleine Knoblauchzehe
1/2 Bund Basilikum
250 ml Milch
50 ml Olivenöl
100 g Olivenpaste (aus dem Glas; ersatzweise 100 g entsteinte schwarze oder grüne Oliven, püriert)
Pfeffer

Zubereitungszeit: ca. 30 Min.
Pro Portion: ca. 340 kcal

1 Die Kartoffeln schälen, grob würfeln und in einem Topf mit Salzwasser bedeckt bei mittlerer Hitze zugedeckt in 15–20 Min. weich kochen.

2 Inzwischen die Oliven halbieren und in Halbringe schneiden. Den Knoblauch schälen und fein hacken. Das Basilikum waschen und trockenschütteln, die Blättchen in Streifen schneiden.

3 Die Kartoffeln in ein Sieb abgießen und kurz ausdämpfen lassen. Die Milch in einem großen Topf erhitzen, die Kartoffeln hineingeben und mit einem Kartoffelstampfer oder einer Gabel zu Püree zerstampfen. Das Olivenöl unterrühren.

4 Oliven, Olivenpaste, Knoblauch und Basilikum unter das Püree rühren. Mit Salz und Pfeffer abschmecken. Dazu passt kurz gebratenes Fleisch.

zum Beeindrucken

Kartoffel-Trüffel-Püree

Für 4 Personen:
500 g mehlig kochende Kartoffeln | Salz
1 kleine Schalotte | 3 EL Hühnerbrühe (Instant)
3 EL Aceto balsamico
4 EL Traubenkernöl
(ersatzweise neutrales Pflanzenöl)
Pfeffer | 200 g Feldsalat
4 EL Milch | 4 EL Sahne
1 Prise frisch geriebene Muskatnuss
1 EL Trüffelöl | 2 EL Weißbrotcroûtons (s. Tipp)

Zubereitungszeit: ca. 30 Min.
Pro Portion: ca. 270 kcal

1 Die Kartoffeln schälen, grob würfeln und in einem Topf mit Salzwasser bedeckt bei mittlerer Hitze zugedeckt in 15–20 Min. weich kochen.

2 Die Schalotte schälen, klein hacken, mit Brühe, Balsamessig, Traubenkernöl, Salz und Pfeffer verrühren. Den Salat putzen, waschen, trockenschleudern und in eine Schüssel geben.

3 Die Kartoffeln in ein Sieb abgießen und kurz ausdämpfen lassen. Milch und Sahne in einem Topf erhitzen, die Kartoffeln hineingeben und mit einem Kartoffelstampfer oder einer Gabel zu Püree zerstampfen. Mit Salz, Pfeffer und Muskat abschmecken, das Trüffelöl untermischen.

4 Den Salat mit dem Essig-Öl-Dressing übergießen. Das Püree auf vier Tellern anrichten, den Salat darüber verteilen. Mit Croûtons bestreut servieren. Dazu passt das Filetgulasch »Stroganoff« von Seite 77.

Clever zubereiten

Croûtons zum Bestreuen für Salate und Suppen gibt es bereits verwendungsfertig und in verschiedenen Geschmacksrichtungen (z. B. mit Kräutern oder Knoblauch) im Supermarkt zu kaufen. Sie können sie aber mit Toast- oder Weißbrot auch schnell selbst machen (s. Rezept S. 21).

nicht nur für Vegetarier **Thai-Gemüse mit roten Linsen**

(im Bild vorne)

Für 4–6 Personen:
1 große Zwiebel
4 große Kartoffeln
4 Möhren
500 g Brokkoli
4 Kaffirlimettenblätter
(ersatzweise 1 Stängel Zitronengras)
2 EL neutrales Pflanzenöl
3 TL milde Currypaste (Asienladen; ersatzweise 2 TL Currypulver)
1/4 l Gemüsebrühe (Instant)
3 EL ungesüßte Kokosmilch (aus der Dose)
200 g rote Linsen

Zubereitungszeit: ca. 30 Min.
Bei 6 Personen pro Portion: ca. 215 kcal

1 Die Zwiebel schälen und fein hacken. Die Kartoffeln schälen und in ca. 2 cm große Würfel schneiden. Die Möhren schälen, putzen, längs halbieren und in Scheiben schneiden. Den Brokkoli waschen und in kleine Röschen teilen. Die Kaffirlimettenblätter waschen und trockentupfen.

2 Das Öl in einem Wok (oder einer großen Pfanne) erhitzen, die Zwiebel darin bei starker Hitze ca. 1 Min. anbraten. Die Kartoffeln dazugeben. Currypaste und Limettenblätter untermischen. Die Brühe dazugießen und alles bei mittlerer Hitze ca. 5 Min. garen.

3 Möhren, Brokkoli und Kokosmilch dazugeben und alles weitere 10 Min. garen. Immer wieder umrühren. Dann die roten Linsen untermischen, evtl. etwas Wasser angießen und alles weitere 5–8 Min. garen. Die Kaffirlimettenblätter vor dem Servieren entfernen.

chinesisch **Asia-Sprossen-Gemüse**

(im Bild hinten)

Für 4 Personen:
je 2 rote und gelbe Paprikaschoten
200 g Sojabohnensprossen
200 g Zuckerschoten
(ersatzweise Chinakohl)
4 Frühlingszwiebeln
1/2 Bund Koriandergrün
1 Stück frischer Ingwer (ca. 5 cm lang)
6 EL Sesamöl
1 TL Dajong-Chinagewürz (Asienladen)
100 ml Austernsauce (ersatzweise Sojasauce)

Zubereitungszeit: ca. 25 Min.
Pro Portion: ca. 250 kcal

1 Die Paprika waschen, vierteln, von Stielansätzen, Kernen und inneren Trennwänden befreien und in dünne Streifen schneiden. Die Sojabohnensprossen ca. 15 Sek. in sprudelnd kochendem Wasser blanchieren, dann in ein Sieb abgießen, kalt abschrecken und abtropfen lassen.

2 Die Zuckerschoten waschen, putzen und längs in Streifen schneiden. (Chinakohlblätter längs halbieren und quer in Streifen schneiden.) Die Frühlingszwiebeln putzen, waschen und in Röllchen schneiden. Den Koriander waschen und trockenschütteln, die Blättchen abzupfen und klein hacken. Den Ingwer schälen und ebenfalls klein hacken.

3 Das Sesamöl in einem Wok (oder einer großen Pfanne) erhitzen, die Paprika darin bei starker Hitze ca. 5 Min. anbraten. Sprossen, Zuckerschoten und Frühlingszwiebeln dazugeben und bei mittlerer Hitze kurz mitdünsten. Koriander, Ingwer und Dajong-Gewürz unterrühren. Die Austernsauce untermischen und alles bei schwacher Hitze weitere 5 Min. garen.

lecker locker Frischkäsesoufflé mit Zuckerschoten

(im Bild hinten)

Für 4 Personen:
1 große Zwiebel | 300 g Zuckerschoten
2 EL Butter | 1/4 l Gemüsebrühe (Instant)
400 g Doppelrahm-Frischkäse
2 Zweige frischer Thymian (ersatzweise 1/2 TL getrockneter Thymian)
Salz | Pfeffer | 2 TL Zitronensaft
4 Eier | 1 Msp. Backpulver
Außerdem:
Butter für die Form

Zubereitungszeit: ca. 30 Min.
Backzeit: ca. 40 Min.
Pro Portion: ca. 490 kcal

1 Die Zwiebel schälen und klein hacken. Die Zuckerschoten waschen und putzen. Butter in einem Topf erhitzen, Zwiebel darin glasig dünsten. Zuckerschoten kurz mitdünsten, die Brühe dazugießen. Alles einmal kurz aufkochen lassen und bei schwacher Hitze ca. 10 Min. garen. Inzwischen eine Souffléform (oder eine andere tiefe feuerfeste Form) mit Butter einfetten. Den Backofen auf 180° vorheizen.

2 Den Topf vom Herd nehmen, Zuckerschoten darin mit dem Pürierstab pürieren. Den Frischkäse unterrühren. Den Thymian waschen und trockenschütteln, die Blättchen von den Stielen streifen und unterrühren. Die Masse mit Salz, Pfeffer und Zitronensaft würzen.

3 Die Eier trennen. Die Eigelbe unter die Gemüse-Käse-Mischung rühren. Die Eiweiße mit Backpulver in einer Schüssel steif schlagen und vorsichtig unterheben. Die Soufflémasse in die Form füllen und im heißen Ofen (unten, Umluft 160°) ca. 40 Min. backen, dann sofort servieren. Dazu passen kurz gebratene Rindersteaks oder Minutensteaks vom Schwein.

Klassiker auf neue Art Kohlrabi-Kartoffel-Gratin

(im Bild vorne)

Für 4 Personen:
2 Kohlrabi
400 g Kartoffeln
1 Knoblauchzehe
Salz | Pfeffer
Muskatnuss, frisch gerieben
3 Eier | 250 g Sahne
150 g Emmentaler, frisch gerieben
Außerdem:
Butter für die Form

Zubereitungszeit: ca. 20 Min.
Backzeit: ca. 40 Min.
Pro Portion: ca. 480 kcal

1 Die Kohlrabi und die Kartoffeln schälen und in dünne Scheiben schneiden. Die Knoblauchzehe schälen und halbieren, eine Hälfte fein hacken.

2 Eine feuerfeste Form mit der halben Knoblauchzehe ausreiben, dann die Form mit Butter einfetten. Den Backofen auf 180° vorheizen.

3 Kohlrabi- und Kartoffelscheiben abwechselnd in die Form schichten, jede Schicht mit Salz, Pfeffer und Muskat würzen.

4 Die Eier mit der Sahne und dem Käse in einer Schüssel verquirlen, den gehackten Knoblauch untermischen. Die Masse mit Salz, Pfeffer und Muskat würzen und über das Gemüse gießen. Im heißen Ofen (Mitte, Umluft 160°) ca. 40 Min. garen. Falls die Oberfläche des Gratins braun wird, mit Alufolie abdecken.

Clever kombinieren

Das Gratin passt gut als Beilage zu **kurz gebratenem Fleisch** und schmeckt auch klassisch mit **Kartoffeln pur,** dann den Kohlrabi weglassen und ca. 800 g Kartoffeln verwenden.

Süßes Ende – Desserts

Nur keine Müdigkeit vorschützen – belebende Digestifs und Kaffee-Drinks

Drei Möglichkeiten gibt es, ein schönes Menü abzuschließen: mit einem Digestif, auch »After Dinner« genannt, einem Kaffee oder mit beidem, beispielsweise mit einem »korrigierten« Kaffee, dem Caffè Coretto (ein starker Espresso mit einem Schuss Grappa), oder einem Café brûlot (Kaffee mit einem Schuss Cognac, evtl. noch gewürzt mit Nelken, Zimtstange und Orangenschale) – die verdauungsfördernde Funktion ist in jedem Fall garantiert. Schnell und (!) edel sind die folgenden Digestifs, zudem besonders clever die Kaffee-Drinks, die auch mal das Dessert ersetzen können.

Digestifs mit Pfiff

Black Magic: Für 1 Drink 6 cl Wodka, 3 cl abgekühlten Espresso und 3 Spritzer Zitronensaft mit 4 Eiswürfeln in einem Rührglas verrühren, durch ein Sieb in ein Whiskeyglas gießen. 1 Stück unbehandelte Zitronenschale mit einem Sparschäler abschälen und damit den Glasrand dekorieren.

White Russian: Für 1 Drink 3 cl Wodka und 3 cl Kaffeelikör mit 4 Eiswürfeln in einem Rührglas gut verrühren, durch ein Sieb in ein Sektglas gießen und einen Klecks Schlagsahne darauf setzen.

Sidecar: Für 1 Drink 4 cl Cognac, 2 cl Orangenlikör und 2 cl Zitronensaft mit 4 Eiswürfeln im Shaker mixen, durch ein Sieb in eine Cocktailschale gießen.

Adonis: Für 1 Drink 2 cl trockenen Sherry, 4 cl Vermouth Rosso und 1 Spritzer Orangenbitter mit 4 Eiswürfeln in einem Rührglas gut verrühren, durch ein Sieb in ein Weinglas gießen.

Golden Cadillac: Für 1 Drink 2 cl Crème de Cacao white, 1 cl Galliano (italienischer Kräuter-Gewürzlikör), 4 cl Orangensaft und 2 cl Sahne mit 4 Eiswürfeln im Shaker mixen, durch ein Sieb in eine Cocktailschale gießen.

Kaffee-Drinks mit Edeltouch

Eiskaffee: Für 1 Drink 50 g Sahne mit 1 TL Vanillezucker steif schlagen. 1 EL Vanilleeis in ein Kaffee- oder Longdrinkglas füllen und mit 150 ml gut gekühltem Kaffee begießen. Die Vanillesahne darauf setzen und 1 TL Schokostreusel darüber streuen. Schmeckt auch mit Walnuss- oder Pistazieneis.

Irish Coffee: Für 1 Drink ein Kaffeeglas mit heißem Wasser ausspülen. 1 TL braunen Zucker, 8 cl Whiskey (am besten irischen) und 200 ml heißen, starken Kaffee in das warme Glas füllen und so lange rühren, bis sich der Zucker aufgelöst hat. 1 EL leicht geschlagene Sahne darauf setzen und Kakaopulver darüber stäuben.

Kokoskaffee: Für 1 Drink 1 EL ungesüßte Kokosmilch (aus der Dose) und 1 EL Kokosflocken auf je einen kleinen Teller geben. Den Rand eines Kaffeeglases erst mit Kokosmilch befeuchten, dann in die Kokosflocken tauchen. 1/8 l warme Milch in das Glas geben und am besten mit einem Miniquirl aufschäumen, dann 1 Espressotasse mit heißem Espresso darüber gießen. 2 EL Kokosmilch und 1/2 TL Zucker schaumig schlagen und ebenfalls darüber gießen.

cremig – nein, fruchtig! Obstsalat mit Mascarponecreme

(im Bild vorne)

Für 4–6 Personen:
300 g blaue Weintrauben | 2 Kiwis
2 Äpfel | 2 Bananen | Saft von 2 Zitronen
3 EL flüssiger Honig | 400 g Mascarpone
5 TL Grand Marnier | 4 TL Krokantstreusel

Zubereitungszeit: ca. 20 Min.
Bei 6 Personen pro Portion: ca. 455 kcal

1 Trauben waschen, von den Stielen zupfen, trockentupfen und halbieren, dabei die Kerne entfernen. Kiwis schälen, längs halbieren, in dünne Scheiben schneiden. Äpfel waschen, trockenreiben, vierteln und ohne Kerngehäuse in sehr schmale Spalten schneiden. Bananen schälen und quer in ca. 1/2 cm dicke Scheiben schneiden. Die Früchte in einer Salatschüssel mischen.

2 Den Zitronensaft und den Honig verrühren und über das Obst gießen.

3 Den Mascarpone mit dem Grand Marnier verrühren, zuletzt die Krokantstreusel untermischen und die Creme zum Obst servieren.

Tauschbörse

Die Creme schmeckt auch zu anderen Früchten, z. B. zu **Wasser- und Honigmelone:** Das Melonenfruchtfleisch in Würfel schneiden oder mit einem Kugelausstecher ausstechen, wie oben beschrieben weiterverarbeiten.

Clever zubereiten

Krokantstreusel können Sie bereits verwendungsfertig im Supermarkt kaufen. Damit sie nicht aufweichen, erst kurz vor dem Servieren untermischen. Etwas **Milch** in die Mascarponecreme gerührt, macht diese noch lockerer und besonders cremig.

willkommen im Paradies Exotischer Fruchtsalat

(im Bild hinten)

Für 4 Personen:
1/8 l Orangensaft | 100 g Zucker
1 Orange | 1 Grapefruit | 1 reife Mango
3 Kiwis | 1/2 Honigmelone
1 Hand voll Minzeblättchen
8 Physalis (Kapstachelbeeren)

Zubereitungszeit: ca. 20 Min.
Kühlzeit: ca. 30 Min.
Pro Portion: ca. 230 kcal

1 Den Orangensaft in eine Salatschüssel geben, den Zucker einrühren und im Saft auflösen.

2 Die Orange und die Grapefruit schälen, dabei die weiße Haut vollständig entfernen. Die Fruchtfleischfilets zwischen den Trennhäutchen herausschneiden (s. S. 78) und halbieren. Die Mango schälen, das Fruchtfleisch vom Stein schneiden (s. S. 112) und würfeln. Die Kiwis schälen und ebenfalls würfeln.

3 Aus der Melonenhälfte die Kerne herauskratzen. Aus dem Fruchtfleisch mit einem Teelöffel oder Kugelausstecher kleine (Halb-)Kugeln ausstechen.

4 Die Früchte in der Schüssel mit dem Orangensaft mischen und zugedeckt ca. 30 Min. kühl stellen. Die Minzeblättchen waschen und trockentupfen. Den Fruchtsalat mit Minze und Physalis garnieren.

Luxuskick

*Veredeln Sie den Fruchtsalat mit einem Schuss **Maraschino** oder **Orangenlikör** (z. B. Cointreau) und bestreuen Sie ihn nach Belieben mit 1–2 EL **Mandelblättchen.***

1

2

3

heißkalte Exotik **Flambierte Bananen**

(im Bild hinten)

Für 4 Personen:
4 reife Bananen
2 EL Butter
2 unbehandelte Limetten
1 Orange
2 EL gehackte Mandeln
1 EL Zucker
2 EL flüssiger Honig
4 EL Rum (mind. 54 % vol.)
300 g Kokoseis

Zubereitungszeit: ca. 20 Min.
Pro Portion: ca. 320 kcal

1 Den Backofen auf 100° vorheizen. Die Bananen schälen und der Länge nach halbieren. 1 EL Butter in einer beschichteten Pfanne erhitzen, Bananen darin bei starker Hitze von beiden Seiten goldbraun anbraten, herausnehmen, in eine feuerfeste Form geben und zugedeckt im Backofen warm stellen.

2 Die Limetten heiß waschen und trockenreiben. Die Limettenschale mit einer Reibe abreiben. Die Limetten und die Orange halbieren und auspressen.

3 Die restliche Butter in der Pfanne erhitzen, die Mandeln darin kurz anrösten. Den Zucker einrühren, dann die Limettenschale und den Limetten- und Orangensaft unterrühren. Alles bei schwacher Hitze ca. 3 Min. leise kochen lassen.

4 Die Bananen auf vier Teller verteilen, mit der Sauce begießen und jeweils 1/2 EL Honig darüber träufeln. Je 1 EL Rum darüber gießen, vorsichtig entzünden und die Bananen flambieren. Mit dem Kokoseis servieren.

Dessert-Klassiker **Bratäpfel mit Marsala**

(im Bild vorne)

Für 4 Personen:
4 feste, leicht säuerliche Äpfel (z. B. Boskop)
8 Butterkekse / 4 EL Marmelade
(z. B. Kirsch- oder Orangenmarmelade)
4 TL Butter / 4 EL Mandelblättchen / 2 TL Zucker
200 ml Marsala (ersatzweise Portwein)
Außerdem:
Butter für die Form

Zubereitungszeit: ca. 20 Min.
Backzeit: ca. 30 Min.
Pro Portion: ca. 330 kcal

1 Die Äpfel waschen, das Kerngehäuse mit einem spitzen Messer kreisförmig ausschneiden **(Step 1)**. Eine feuerfeste Form mit Butter einfetten, die Äpfel nebeneinander hineinsetzen. Den Backofen auf 180° vorheizen.

2 Die Butterkekse in eine Plastiktüte geben. Die Tüte zubinden und die Kekse mit einem Nudelholz zerkrümeln **(Step 2)**. Die Kekskrümel in einer Schüssel mit der Marmelade verrühren, dann die Mischung in die Äpfel füllen **(Step 3)**. Je 1 TL Butter darauf setzen. Mit je 1 EL Mandelblättchen und je 1/2 TL Zucker bestreuen. Den Marsala rund um die Äpfel in die Form gießen.

3 Die Äpfel im heißen Backofen (Mitte, Umluft 160°) ca. 30 Min. backen.

Luxuskicks

Servieren Sie die Äpfel doch einmal mit ***Zitroneneis,*** *garniert mit* ***Minzeblättchen.*** *Für eine weihnachtliche Geschmacksnote sorgen 4* ***Gewürznelken*** *im Marsala, etwas* ***Zimtpulver*** *in der Füllung und* ***Vanillesauce*** *als Begleitung.*

blitzschnell Vanilleeis mit heißen Brombeeren

Für 4 Personen:
200 g TK-Brombeeren
50 ml trockener Rotwein (ersatzweise Traubensaft)
1 EL Zitronensaft
1–2 EL Zucker
1/2 TL Zimtpulver
600 g Vanilleeis

Zubereitungszeit: ca. 10 Min.
Pro Portion: ca. 355 kcal

1 Die tiefgekühlten Brombeeren mit dem Rotwein in einem Topf aufkochen lassen.

2 Den Topf vom Herd nehmen. Die Rotweinbeeren mit Zitronensaft, Zucker und Zimt abschmecken.

3 Die Brombeeren mit der Sauce auf vier Dessertteller verteilen. Mit einem Eiskugelportionierer oder einem Esslöffel jeweils 2 Kugeln Vanilleeis formen und darauf setzen.

mit Schwips **Kirschen in Portweinsauce**

Für 4 Personen:
500 g frische Kirschen
(ersatzweise Kirschen aus dem Glas)
1 EL Speisestärke
100 ml Rotwein (z. B. Beaujolais)
100 ml Portwein
2 EL Johannisbeerlikör
1 EL Kirschwasser
2 EL flüssiger Honig
2 EL Zitronensaft
300 g Nusseis

Zubereitungszeit: ca. 20 Min.
Pro Portion: ca. 310 kcal

1 Die Kirschen waschen und am besten mit einem Kirschentsteiner entsteinen (Kirschen aus dem Glas abtropfen lassen). Die Stärke in einem Schüsselchen mit 2 EL Rotwein verrühren.

2 Den restlichen Rotwein, den Portwein, den Johannisbeerlikör, das Kirschwasser, den Honig und den Zitronensaft in einen Topf geben.

3 Alles zum Kochen bringen, die angerührte Stärke dazugeben und nochmals kurz unter Rühren aufkochen lassen, bis die Flüssigkeit dicker wird. Dann vom Herd nehmen und etwas abkühlen lassen.

4 Die Kirschen auf vier Teller verteilen und mit der lauwarmen Portweinsauce begießen. Mit einem Eiskugelportionierer oder einem Esslöffel jeweils 1 Kugel Nusseis formen und darauf setzen.

Klassiker **Kaiserschmarrn mit Zwetschgenröster**

(im Bild vorne)

Für 4 Personen:
500 g Zwetschgen (aus dem Glas)
3 EL Puderzucker
1/2 TL Zimtpulver
abgeriebene Schale von
1 unbehandelten Zitrone
4 Eier | Salz
2 EL Zucker | 4 EL Milch
100 g Mehl | 250 g Mascarpone
2 EL Butter

Zubereitungszeit: ca. 30 Min.
Pro Portion: ca. 665 kcal

1 Für den Zwetschgenröster die Zwetschgen abtropfen lassen. 2 EL Puderzucker in einer beschichteten Pfanne ohne Fett unter ständigem Rühren schmelzen und leicht karamellisieren. Die Zwetschgen dazugeben und unter Rühren erhitzen, bis Saft auszutreten beginnt. Den Zimt und die Hälfte der Zitronenschale hinzufügen. Alles bei mittlerer Hitze ca. 10 Min. kochen lassen. Vom Herd nehmen und zugedeckt beiseite stellen.

2 Für den Kaiserschmarrn 2 Eier trennen. Die Eigelbe in einer Schüssel mit den beiden übrigen Eiern, 1 Prise Salz, dem Zucker und der restlichen Zitronenschale verquirlen. Milch, Mehl und Mascarpone untermischen. Die beiden Eiweiße steif schlagen und locker unterheben.

3 Die Butter in einer großen Pfanne erhitzen, den Teig 2–3 cm dick einfüllen und bei mittlerer Hitze von unten hellbraun backen, dann den Pfannkuchen mit zwei Löffeln in Stücke rupfen. Die Teigstücke bei starker Hitze unter Wenden von allen Seiten knusprig goldbraun braten. Mit dem restlichen Puderzucker bestäuben und mit dem Zwetschgenröster servieren.

Süßes für Gäste **Kirschkuchen**

(im Bild hinten)

Für 1 Springform von 28 cm Ø:
300 g aufgetauter TK-Mürbeteig
300 g frische Kirschen
(ersatzweise Kirschen aus dem Glas)
4 Eier | 250 g saure Sahne | 200 g Sahne
100 g Zucker | 2 EL Speisestärke
Außerdem:
Butter für die Form | Mehl für die Arbeitsfläche

Zubereitungszeit: ca. 20 Min.
Backzeit: ca. 1 Std.
Bei 12 Stück pro Stück: ca. 250 kcal

1 Die Springform fetten. Den Mürbeteig auf wenig Mehl ca. 3 mm dick zu einem Kreis von ca. 30 cm Ø ausrollen. Den Teig in die Form legen, dabei einen ca. 2 cm hohen Rand formen. Den Ofen auf 180° vorheizen.

2 Kirschen waschen, entsteinen und auf dem Teig verteilen. (Kirschen aus dem Glas abtropfen lassen.) Eier, saure und süße Sahne, Zucker und Stärke verrühren. Die Eier-Sahne-Mischung über die Kirschen geben und glatt streichen. Den Kuchen im heißen Ofen (Mitte, Umluft 160°) in ca. 1 Std. goldbraun backen.

Luxuskick

*Noch feiner schmeckt dieser Kuchen mit **selbst gemachtem Teig:** 300 g Mehl auf die Arbeitsfläche sieben, mit 5 EL Puderzucker und 1 Prise Salz mischen, eine Mulde formen und 2 Eigelbe hineingeben. 200 g kalte Butter in Flöckchen darüber verteilen. Alle Zutaten mit einem Messer kräftig durchhacken. 3–5 EL Wasser dazugeben. Alles rasch mit den Händen verkneten. Den Teig zu einer Kugel geformt und in Frischhaltefolie gewickelt ca. 30 Min. kalt stellen. Wie beschrieben weiterverarbeiten.*

1

2

3

erfrischend Joghurt-Limetten-Creme

(im Bild vorne)

Für 4–6 Personen:
5 Blatt weiße Gelatine
600 g Joghurt
100 g Puderzucker
abgeriebene Schale und Saft von 1 unbehandelten Limette
500 g Sahne / Saft von 1 Zitrone
400 g Erdbeeren
2 EL Zucker / 1 EL Campari

Zubereitungszeit: ca. 25 Min.
Kühlzeit: ca. 3 Std.
Bei 6 Personen pro Portion: ca. 440 kcal

1 Die Gelatine in einem Schüsselchen mit kaltem Wasser ca. 5 Min. einweichen. Inzwischen den Joghurt und den Puderzucker in einer Schüssel verrühren. Die abgeriebene Limettenschale unterrühren. Die Sahne steif schlagen.

2 Limetten- und Zitronensaft in einen kleinen Topf geben, die Gelatine ausdrücken und dazugeben. Bei schwacher Hitze (Achtung: nicht kochen lassen!) unter Rühren auflösen. Dann sofort zügig unter den Joghurt mischen, nach und nach die geschlagene Sahne unterheben. Die Creme ca. 3 Std. zugedeckt kalt stellen.

3 Für das Erdbeermark die Erdbeeren waschen, von Stielansätzen befreien und bis auf 4–6 schöne Exemplare je nach Größe halbieren oder vierteln. Die Beeren mit dem Zucker und dem Campari pürieren. Die Joghurtcreme mit dem Erdbeermark auf Desserttellern anrichten und mit je 1 Erdbeere garniert servieren.

Tauschbörse

Die Joghurt-Limetten-Creme macht sich statt mit Erdbeermark auch gut mit frischen **Himbeeren, Kiwi- oder Orangenscheiben.**

Luxus zum Löffeln Mango-Parfait mit Erdbeeren

(im Bild hinten)

Für 4 Personen:
1 reife Mango
Saft von 1 Zitrone
3 ganz frische Eigelbe
150 g Puderzucker
200 g Sahne
300 g Erdbeeren
1 Hand voll Minzeblättchen

Zubereitungszeit: ca. 25 Min.
Tiefkühlzeit: ca. 6 Std.
Zeit zum Durchziehen: ca. 30 Min.
Pro Portion: ca. 420 kcal

1 Die Mango schälen **(Step 1)**. Das Fruchtfleisch in Spalten vom Stein schneiden **(Step 2)** und mit 1 EL Zitronensaft mit dem Pürierstab pürieren **(Step 3)**.

2 Die Eigelbe und 2 EL Puderzucker cremig rühren. Die Sahne steif schlagen. Sahne und Eigelbmasse mit dem Mangopüree vermengen. Die Mischung in Eiswürfelformen oder kleine Portionsförmchen füllen und im Tiefkühlfach in 4–6 Std. gefrieren lassen.

3 Die Erdbeeren waschen, von den Stielansätzen befreien, halbieren und in eine Schüssel geben. Den restlichen Zitronensaft über die Erdbeeren gießen, den übrigen Puderzucker darüber stäuben und alles ca. 30 Min. ziehen lassen.

4 Die Minzeblättchen waschen und trockentupfen. Die gefrorenen Parfaits aus den Förmchen lösen (das gelingt am besten, wenn man die Förmchen vorher kurz bis zum Rand in heißes Wasser taucht) und mit den Erdbeeren auf vier Tellern anrichten. Mit Minze garniert servieren.

sweet dreams Überbackene Erdbeeren

Für 4 Personen:
600 g Erdbeeren (ersatzweise Pfirsich- oder Aprikosenhälften)
100 ml Grand Marnier | 5 Eier
100 g Puderzucker
100 g Speisequark (20 %)
100 g Mascarpone
abgeriebene Schale von 1 unbehandelten Zitrone

Zubereitungszeit: ca. 20 Min.
Backzeit: ca. 15 Min.
Pro Portion: ca. 475 kcal

1 Die Erdbeeren waschen, von den Stielansätzen befreien, halbieren und sternförmig in einer flachen feuerfesten Form anordnen. Den Grand Marnier darüber träufeln. Den Backofen auf 200° vorheizen.

2 Die Eier trennen. Die Eigelbe und die Hälfte des Puderzuckers cremig rühren. Den Quark, den Mascarpone und die abgeriebene Zitronenschale unterrühren.

3 Die Eiweiße mit dem restlichen Puderzucker mit den Rührbesen des Handrührgeräts schaumig schlagen und unter die Quark-Mascarpone-Mischung ziehen.

4 Die Quark-Mascarpone-Mischung auf den Erdbeeren in der Form verteilen. Im heißen Backofen (Mitte, Umluft 180°) in ca. 15 Min. hellbraun backen.

Stylingtipp
Mit **Puderzucker** bestäubt oder mit etwas **abgeriebener Zitronenschale** garniert kommen die Erdbeeren besonders fein daher.

prickelnde Liebeserklärung

Erdbeerherzen in Champagner

Für 4 Personen:
350 g Erdbeeren
400 ml Champagner
300 g Erdbeereis
4 TL gehackte Pistazien
Außerdem:
4 Cocktailgläser

Zubereitungszeit: ca. 10 Min.
Pro Portion: ca. 260 kcal

1 Die Erdbeeren waschen und von den Stielansätzen befreien. 4 große Erdbeeren beiseite legen, den Rest halbieren und mit dem Pürierstab pürieren.

2 Das Püree in vier Cocktailgläser füllen, mit Champagner aufgießen und je 1 Kugel Erdbeereis dazugeben.

3 Die zurückbehaltenen Erdbeeren längs in Scheiben schneiden und mit einem Ausstecher oder Messer Herzen ausstechen bzw. ausschneiden. Die Gläser mit den Herzen dekorieren und jeweils 1 TL gehackte Pistazien darüber streuen.

Tauschbörse

Wenn Sie es preiswerter haben möchten, nehmen Sie statt Champagner einfach trockenen **Sekt** oder **Prosecco.**

Clever genießen

Romantisches Dessert für zwei? Oder sind Sie in Partystimmung? Erhöhen oder verringern Sie doch einfach die **Zutatenmengen.** Man rechnet pro Person 75–100 g Erdbeeren und 100 ml Champagner. Das Erdbeerpüree lässt sich auch **prima vorbereiten:** einfach bis zum Servieren in den Kühlschrank stellen.

herb-säuerlich Weintrauben-Stachelbeeren-Gelee

(im Bild vorne)

Für 4 Personen:
6 Blatt weiße Gelatine
150 g kernlose helle Weintrauben
150 g frische Stachelbeeren
(ersatzweise Stachelbeeren aus dem Glas)
2 EL Apfelsaft
400 ml Birnensaft

Zubereitungszeit: ca. 20 Min.
Gelierzeit: ca. 12 Std.
Pro Portion: ca. 105 kcal

1 Die Gelatine in einem Schüsselchen mit kaltem Wasser ca. 5 Min. einweichen. Die Weintrauben und Stachelbeeren waschen, trockentupfen (Beeren aus dem Glas abtropfen lassen) und in eine Schüssel füllen.

2 Den Apfelsaft in einen kleinen Topf geben, die Gelatine ausdrücken und dazugeben. Bei schwacher Hitze (Achtung: nicht kochen lassen!) unter Rühren auflösen. Den Birnensaft dazugießen. Den Birnen-Apfel-Saft über die Früchte in der Schüssel gießen und alles ca. 12 Std. (am besten über Nacht) zugedeckt kalt stellen.

3 Am nächsten Tag die Schüssel kurz bis zum Rand in heißes Wasser stellen, dann das Gelee auf eine Servierplatte stürzen. Dazu passt Schlagsahne oder Vanilleeis.

Clever genießen

Statt in einer großen Schüssel können Sie das Gelee auch in vier **Portionsschälchen** füllen und portionsweise anrichten. So sorgen Sie schon vor dem Servieren für klare Verhältnisse.

Tauschbörse

Kulinarisch wie optisch attraktiv: **Physalis** (Kapstachelbeeren) statt Stachelbeeren.

all-time favourite Rote Grütze mit Sahne

(im Bild hinten)

Für 4 Personen:
200 g TK-Himbeeren
200 g TK-Erdbeeren
2 EL Zucker / 1 Gewürznelke
1 Msp. Zimtpulver
1 EL Speisestärke
1 Hand voll Zitronenmelisseblättchen
250 g Sahne

Zubereitungszeit: ca. 15 Min.
Pro Portion: ca. 270 kcal

1 Die tiefgekühlten Himbeeren und Erdbeeren in einen Topf geben und bei schwacher Hitze in ca. 5 Min. unter Rühren auftauen, dann weiter erhitzen, bis sie beginnen, musig zu werden. Evtl. etwas Wasser dazugeben. Zucker, Nelke und Zimt unterrühren.

2 Die Stärke mit 1–2 EL Wasser verrühren und unter die Beeren mischen. Unter Rühren einmal kurz aufkochen lassen, dann vom Herd nehmen und gut abkühlen lassen. Die Nelke aus dem Topf nehmen.

3 Die Zitronenmelisse waschen und trockentupfen. Die Rote Grütze in vier Dessertschalen oder -gläser füllen und mit Zitronenmelisseblättchen garniert servieren. Die Sahne in einem Krug dazureichen.

Luxuskick

*Servieren Sie doch einmal statt flüssiger Sahne geschlagene **mit Vanille aromatisierte Sahne** dazu: Das Vanillearoma harmoniert perfekt mit der Roten Grütze. Oder Sie wählen gleich **Vanilleeis** oder **Vanillesauce** als Begleitung.*

1

2

3

Klassiker auf neue Art Tiramisu mit Mascarpone

(im Bild links)

Für 6 Personen:
4 ganz frische Eier
2 ganz frische Eigelbe / 250 g Zucker
500 g Mascarpone / 500 g Sahne
200 ml frisch gebrühter Kaffee, abgekühlt
3 EL Amaretto / 300 g Löffelbiskuits
1 EL Kakaopulver / 100 g weiße Schokolade

Zubereitungszeit: ca. 30 Min.
Kühlzeit: ca. 1 Std.
Pro Portion: ca. 1205 kcal

1 Eier, Eigelbe und 200 g Zucker mit den Rührbesen des Handrührgeräts cremig rühren, den Mascarpone unterrühren. Die Hälfte der Sahne steif schlagen und untermischen.

2 Den Kaffee, 1 EL Amaretto und den restlichen Zucker mischen. Die Löffelbiskuits jeweils kurz in die Kaffeemischung tauchen **(Step 1)**, dann eine flache eckige Form damit auslegen **(Step 2)**. Ca. 1/3 der Mascarponemasse darauf streichen **(Step 3)**, diese Schicht wieder mit kaffeegetränkten Löffelbiskuits belegen und mit Mascarpone bestreichen. Den Vorgang noch einmal wiederholen. Das Kakaopulver über die letzte Schicht Mascarpone stäuben. Ca. 1 Std. zugedeckt im Kühlschrank ziehen lassen.

3 Kurz vor dem Servieren die Schokolade in einen Topf bröckeln, restliche Sahne und restlichen Amaretto dazugießen und die Schokolade unter Rühren schmelzen. Tiramisu auf Teller verteilen und jeweils etwas Schokosauce darumgießen.

Tauschbörse

Sie können die Schokosauce auch mit **dunkler Schokolade** zubereiten. Lassen Sie dann das Kakaopulver weg und träufeln Sie vor dem Servieren etwas Sauce über die Tiramisu-Portionen.

fruchtige Verführung Panna cotta mit Himbeersauce

(im Bild rechts)

Für 6 Personen:
2 Vanilleschoten / 400 ml Milch / 600 g Sahne
50 g Zucker / 7 Blatt weiße Gelatine
500 g frische Himbeeren (ersatzweise aufgetaute TK-Himbeeren)
150 g Puderzucker / 200 g Joghurt
Außerdem:
6 Portionsförmchen oder kleine Tassen (ca. 180 ml Inhalt)

Zubereitungszeit: ca. 25 Min.
Zeit zum Durchziehen: ca. 20 Min.
Kühlzeit: ca. 6 Std.
Pro Portion: ca. 540 kcal

1 Vanilleschoten längs aufschlitzen, das Mark herauskratzen. Milch, Sahne, Zucker und Vanillemark in einem Topf einmal kurz aufkochen, dann bei schwacher Hitze ca. 20 Min. ziehen lassen.

2 Die Gelatine in kaltem Wasser ca. 5 Min. einweichen, dann gut ausdrücken und in der heißen Sahnemilch (Achtung: nicht kochen lassen!) unter Rühren auflösen. Die Sahnemilch in Portionsförmchen oder kleine Tassen füllen. Zugedeckt im Kühlschrank ca. 6 Std. kalt stellen, bis die Masse fest geworden ist.

3 Die Himbeeren waschen, ca. 3 Beeren pro Portion zum Garnieren beiseite legen. Restliche Beeren mit Puderzucker und Joghurt pürieren. Die Panna cotta auf Teller stürzen (das gelingt am besten, wenn man die Förmchen vorher kurz bis zum Rand in heißes Wasser taucht) und mit der Sauce umgießen. Mit Himbeeren garnieren.

Tauschbörse

Statt selbst gemachter Sauce können Sie auch fertige **Himbeersauce** oder nach Belieben eine andere **Fruchtsauce** aus dem Glas verwenden.

für Kinder **Süße Spaghetti mit Himbeersauce**

(im Bild vorne)

Für 4–6 Personen:
1 unbehandelte Orange
400 g Doppelrahm-Frischkäse
50 g Puderzucker
1 Vanilleschote
400 g frische Himbeeren (ersatzweise aufgetaute TK-Himbeeren)
2 EL Zucker
1 EL Zitronensaft
1 Hand voll Basilikum- oder Zitronenmelisseblättchen
4 TL Kokosflocken
Außerdem:
1 Kartoffelpresse

Zubereitungszeit: ca. 30 Min.
Bei 6 Personen pro Portion: ca. 290 kcal

1 Die Orange heiß waschen und trockenreiben, die Schale mit einer Reibe abreiben, eine Hälfte auspressen.

2 Den Frischkäse in einer Schüssel mit der Orangenschale, dem Puderzucker und evtl. etwas Wasser cremig rühren. Die Vanilleschote längs aufschlitzen, das Vanillemark herauskratzen und unter den Frischkäse mischen.

3 Für die Sauce die Himbeeren waschen. Die Beeren mit dem Zucker, dem Zitronensaft und 1 EL Orangensaft in einer Schüssel mit dem Pürierstab pürieren.

4 Die Käsemasse durch die Kartoffelpresse auf Teller pressen, so dass es wie Spaghetti aussieht. Die Spaghetti jeweils mit der Himbeersauce beträufeln. Die Kräuterblättchen waschen, trockentupfen und in Streifen schneiden. Mit Kräutern und je 1 TL Kokosflocken bestreut servieren.

pronto! **Früchtepizza**

(im Bild hinten)

Für 4 Personen:
350 g aufgetauter TK-Hefeteig
2 Äpfel / 2 Bananen / 3 Kiwis
5 EL Orangensaft (oder 3 EL Orangensaft und 2 EL Orangenlikör)
200 g Schoko-Nuss-Aufstrich (z. B. Nutella)
200 g Vanilleeis
Außerdem:
Mehl für Arbeitsfläche
neutrales Pflanzenöl für das Backblech

Zubereitungszeit: ca. 20 Min.
Ruhezeit: ca. 15 Min.
Backzeit: ca. 15 Min.
Pro Portion: ca. 735 kcal

1 Die Hefeteigplatten auf wenig Mehl gut durchkneten, zu einer Kugel formen und zugedeckt ca. 15 Min. ruhen lassen. Den Backofen auf 200° vorheizen. Das Backblech mit Öl einfetten. Den Hefeteig auf dem Blech ausrollen und im heißen Ofen (Mitte, Umluft 180°) 10–15 Min. backen.

2 Das Backblech aus dem Ofen nehmen, den Teig darauf etwas abkühlen lassen. Inzwischen die Äpfel schälen, vierteln und ohne Kerngehäuse in dünne Scheiben schneiden. Die Bananen und Kiwis schälen und in Scheibchen schneiden.

3 Den Teig mit Orangensaft(-likör) beträufeln und mit Schoko-Nuss-Aufstrich bestreichen. Die Früchte darauf verteilen.

4 Das Eis in kleinen Kugeln (diese am besten mit einem Eiskugelportionierer oder Teelöffel abstechen) auf der Früchtepizza verteilen.

Tauschbörse

Schmeckt auch lecker mit anderen Obstsorten, je nach Saison z. B. mit **frischen Beeren** (Himbeeren, Brombeeren, Erdbeeren).

Schnell-und-edel-Menüs

Bei der Zusammenstellung eines Menüs sind der Fantasie kaum Grenzen gesetzt, man isst, was einem am besten schmeckt. Allerdings sollten Sie die einzelnen Gänge harmonisch aufeinander abstimmen, das heißt, zu einem üppigen Hauptgang (z. B. mit Fleisch) sollten eine eher leichte Vorspeise und kein allzu kalorienhaltiges Dessert gereicht werden. Auch die Hauptzutaten der Menügänge sollten variiert werden. Servieren Sie beispielsweise nach einer Vorspeise mit Fisch nicht auch noch ein Hauptgericht mit Seafood, sondern eher Fleisch oder etwas Vegetarisches.

Die folgenden 3-Gänge-Menüs können nach Belieben erweitert werden, z. B. durch eine Suppe nach der kalten Vorspeise, ein leichtes Nudelgericht als Zwischenmahlzeit (s. S. 46) und einen Käsegang vor dem süßen Dessert. Ein Aperitif zum Auftakt (s. S. 15) und ein starker Kaffee oder Espresso zum Abschluss passen immer (s. S. 103).

Edel vegetarisch

Radicchio-Spinat-Salat mit Artischocken S. 22
Orecchiette mit Linsen und Kürbis S. 53
Mango-Parfait mit Erdbeeren S. 113

Chicoréesalat mit Orangenfilets S. 16
Gemüsespieße im Backteig S. 41
Vanilleeis mit heißen Brombeeren S. 108

Pochierte Eier im Feldsalatnest S. 21
Schupfnudeln mit Pilzen S. 59
Obstsalat mit Mascarponecreme S. 105

Exquisit mit Seafood

Avocado-Shrimps-Cocktail S. 33
Tagliatelle mit Morcheln S. 57
Exotischer Fruchtsalat S. 105

Zucchini mit Spinat-Käse-Füllung S. 65
Kabeljaufilet in Senfbutter S. 89
Vanilleeis mit heißen Brombeeren S. 108

Eichblattsalat mit Austernpilzen S. 19
Lachsforelle in Salzkruste S. 85
Kirschen in Portweinsauce S. 109

Mediterran

Crostini mit getrockneten Tomaten S. 30
Fettuccine mit Zuckerschoten S. 51
Überbackene Erdbeeren S. 114

Tomaten-Carpaccio mit Rucola S. 33
Risotto mit Venusmuscheln S. 69
Panna cotta mit Himbeersauce S. 119

Rucola-Pesto auf Baguette S. 31
Hähnchenbrust mit Parmaschinken S. 81
Tiramisu mit Mascarpone S. 119

Gebackener Schafkäse mit Oliven S. 63
Würzige Tintenfischringe S. 69
Früchtepizza S. 121

Raffiniert mit Fleisch

Selleriesalat mit Äpfeln S. 27
Schweinefilet in Blätterteig S. 75
Bratäpfel mit Marsala S. 107

Tomatensuppe mit Tofucreme S. 42
Filetgulasch »Stroganoff« S. 77
Kirschen in Portweinsauce S. 109

Romanasalat mit Erdbeeren S. 19
Filetsteak in Pfefferkruste S. 74
Obstsalat mit Mascarponecreme S. 105

Asiatisch

Sushi S. 71
Hähnchen-Curry mit Spargel S. 79
Flambierte Bananen S. 107

Saté-Spieße mit Erdnuss-Sauce S. 41
Thai-Gemüse mit roten Linsen S. 99
Mango-Parfait mit Erdbeeren S. 113

Orientalisch

Orientalischer Gurkensalat S. 26
Couscous mit Hähnchenbrust S. 91
Mango-Parfait mit Erdbeeren S. 113

Saté-Spieße mit Erdnuss-Sauce S. 41
Couscous mit Scampi S. 91
Joghurt-Limetten-Creme S. 113

Gut vorzubereiten

Kichererbsen-Dip S. 39
Lasagne mit Lamm S. 93
Exotischer Fruchtsalat S. 105

Räucherlachs-Häppchen S. 35
Zürcher Geschnetzeltes S. 77
Kirschen in Portweinsauce S. 109

Register Rezepte und Hauptzutaten

Die Autorin

Claudia Bruckmann ist gelernte Buchhändlerin, studierte Germanistik und Amerikanistik und las schon während ihrer Ausbildung Kochbücher wie andere Leute Romane. Als selbstständige Redakteurin und Autorin übersetzte die Mutter zweier Kinder u. a. Ernährungsratgeber aus dem Englischen und schrieb Kochbücher zu verschiedenen Themen, wobei sie immer besonderen Wert auf pragmatische Rezepte mit dem gewissen Etwas legte. Heute arbeitet sie in der Redaktion TEUBNER des GRÄFE UND UNZER VERLAGES.

Der Fotograf

Michael Brauner arbeitete nach Abschluss der Fotoschule in Berlin als Fotoassistent bei namhaften Fotografen in Frankreich und Deutschland und machte sich 1984 selbstständig. Sein individueller, atmosphärenreicher Stil wird überall geschätzt: in der Werbung ebenso wie in vielen Verlagen. In seinem Karlsruher Studio setzt er Rezepte zahlreicher GU-Titel stimmungsvoll ins Bild.

Vielen Dank!

Ein herzliches Dankeschön geht an die Firma **Campari** und an die **Rotkäppchen-Mumm Sektkellereien GmbH** für die Bereitstellung der alkoholischen Getränke, Gläser und Utensilien auf den Seiten 14, 22 und 89.

Programmleitung: Doris Birk

Leitende Redakteurin: Birgit Rademacker

Konzept und Redaktion: Alessandra Redies und Monika Greiner

Lektorat: Saskia Nickles

Korrektorat: Stefanie Doll

Layout »Einfach clever«, Typographie und Umschlaggestaltung: Thomas Jankovic, GF von engels verlagsbüro in München, Gestalter erfolgreicher Buchserien mit besonderem Gusto auf alles, was Genießern Spaß macht – wie dieses Schnell-&-edel-Buch.

Satz: Knipping Werbung GmbH, Berg/Starnberg

Herstellung: Petra Roth

Reproduktion: Penta Repro, München

Druck und Bindung: Printer, Trento

Das Original mit Garantie

IHRE MEINUNG IST UNS WICHTIG. Deshalb möchten wir Ihre Kritik, gerne aber auch Ihr Lob erfahren, um als führender Ratgeberverlag für Sie noch besser zu werden. Darum: Schreiben Sie uns! Wir freuen uns auf Ihre Post und wünschen Ihnen viel Spaß mit Ihrem GU-Ratgeber.

UNSERE GARANTIE: Sollte ein GU-Ratgeber einmal einen Fehler enthalten, schicken Sie uns bitte das Buch mit einem kleinen Hinweis und der Quittung innerhalb von sechs Monaten nach dem Kauf zurück. Wir tauschen Ihnen den GU-Ratgeber gegen einen anderen zum gleichen oder einem ähnlichen Thema um.

Ihr GRÄFE UND UNZER VERLAG
Redaktion Kochen & Verwöhnen
Postfach 86 03 25
81630 München
Fax: 089/41981-113
e-mail: leserservice@graefe-und-unzer.de

ISBN 3-7742-6939-4

Auflage	5.	4.	3.	2.	1.
Jahr	2009	08	07	06	05

GRÄFE UND UNZER

Ein Unternehmen der
GANSKE VERLAGSGRUPPE